33 最新青林法律相談

婚姻費用・養育費・財産分与の法律相談

SEIRIN LEGAL COUNSELING

平田　厚［著］

青林書院

はしがき

離婚に伴って生じる重大な法律問題には，財産の清算や金銭的請求に関する問題と子どもに関する問題とがあります。子どもに関する問題については，昨年，本法律相談シリーズで『子の親権・監護・面会交流の法律相談』を上梓させていただきました。同書のQ20の解説でも，子どもの養育費に関する問題は，『婚姻費用・養育費・財産分与の法律相談』で検討する予定となっていますと予告していました。本書は，離婚に伴う重大問題のうち，財産の清算や金銭的請求に関する問題について，子どもの養育費の問題も含めて検討したものです。

現在，わが国の社会は，新型コロナウィルスの流行によって，非常にひっ迫した状況にあります。新型コロナ離婚などという言葉もネット上見られるようになっています。しかし，社会がひっ迫しているからこそ，離婚する場合には，離婚後の自分や子どもの経済的生活基盤を築いておかなければなりません。そのためには，離婚に伴う法的な権利を認識したうえで離婚後の新しい生活を構築することが重要になります。

近年の離婚問題で最も深刻なのは，離婚後の経済的貧困が子どもの養育環境に直接的な影響を与えていることだと思います。離婚後の監護親の経済的貧困が子どもへのネグレクトに直結し，子どもたちが命を亡くしている痛ましい事件の報道が後を絶ちません。もちろん，子どもを虐待するに至った監護親の思慮の低さにも問題がありますが，現代的な貧困を止めようとしていない政治的対応の低さにも問題があると思います。そういう意味で，離婚後の経済的な問題を考えることは，単に個人的な問題を考えることにとどまらず，今後の日本社会の在り方を考えることにもなるのだと思います。

離婚後の経済的な問題については，民事執行法の改正によって，財産開示制度や情報取得制度の拡充が行われ，離婚当事者が執行手続をもってある程度対処することが可能になってきています。そのような法制度を改正する努力は，継続して行われなければならないと思いますが，離婚当事者が努力して権利を実現するだけでなく，国や自治体が離婚当事者を直接支援することも考えるべきでしょう（養育費の立替払制度の創設など）。新しい制度設計については，兵庫県明石市などが先進的に取り組んでいますが，国としてももっと積極的に取り組んでいくべきだろうと思います。

本書では，離婚に伴って生じる財産の清算や金銭的請求について，現在の法制度や判例の考え方を整理し，婚姻費用・養育費・財産分与という３つの側面から，Ｑ＆Ａを作成してみました。筆者は，明治大学専門職大学院法務研究科（法科大学院）で民法を担当している教員であり，かつ，家族をめぐる法的紛争に対応してきた弁護士でもあります。したがって，本書では，離婚に伴う心のケアなどは取り扱うことができませんが，本書が離婚後の経済的な問題を解決するために少しでも参考になれば幸いです。

本書が出来上がるにあたっては，前々著『介護事故の法律相談』，前著『子の親権・監護・面会交流の法律相談』に引き続いて，株式会社青林書院編集部の長島晴美氏のお世話になりました。長島氏には，本書の不十分な点をチェック・修正していただきました。感謝申し上げます。

2020年９月

平　田　　　厚

凡　例

⑴　各設問の冒頭に **Q** として問題文を掲げ，それに対する回答の要旨を **A** でまとめました。具体的な説明は **解説** 以下に詳細に行っています。

⑵　判例，裁判例を引用する場合には，本文中に「☆１，☆２……」と注番号を振り，各設問の末尾に ■判　例■ として，注番号と対応させて「☆１　最判平31・２・19民集73巻２号187頁」というように列記しました。なお，判例等の表記については，後掲の「判例・主要雑誌等略語」を用いました。

⑶　文献を引用する場合，及び解説に補足をする場合には，本文中に「＊１，＊２……」と注番号を振り，設問の末尾に ■注　記■ として，注番号と対応させて，文献あるいは補足を掲記しました。文献は，原則としてフルネームで次のように表記をし，主要な雑誌等は後掲の「判例・主要雑誌等略語」を用いました。

〔例〕著者名『書名』（出版社，刊行年）頁数
編者名編『書名』（出版社，刊行年）頁数〔執筆者名〕
執筆者名『論文タイトル』編者名編『書名』（出版社，刊行年）頁数
執筆者名『論文タイトル』掲載誌○○号／○○巻○○号○○頁
執筆者名・掲載誌○○号／○○巻○○号○○頁

⑷　法令名は，原則として，①地の文では正式名称で，②カッコ内の引用では後掲の「**法令略語**」を用いて表しました。

⑸　本文中に引用した判例，裁判例は，巻末の「**判例索引**」に掲載しました。

⑹　各設問の ☑**キーワード** に掲載した重要用語は，巻末の「**キーワード索引**」に掲載しました。

■判例・主要雑誌等略語

大	大審院	審	審判
最	最高裁判所	民集	最高裁判所（大審院）民事判例集
高	高等裁判所		
家	家庭裁判所	集民	最高裁判所裁判集民事
支	支部	家月	家庭裁判月報
判	判決	家判	家庭の法と裁判
決	決定	判時	判例時報

凡　例

判タ	判例タイムズ	法セ	法学セミナー
法時	法律時報		

■法令略語

家事	家事事件手続法	法適用	法の適用に関する通則法
厚年	厚生年金保険法	民	民法
人訴	人事訴訟法	民執	民事執行法
相税	相続税法		

執筆者紹介

平田　　厚（ひらた　あつし）

明治大学専門職大学院法務研究科教授／弁護士

〔経歴〕
1985年3月東京大学経済学部卒業，1990年4月第二東京弁護士会登録，1996年9月ベルギー，ルーヴァン・カソリック大学へ留学（～1997年9月），2004年4月明治大学法科大学院専任教授就任，2012年3月日比谷南法律事務所設立。

〔主な著書〕
『お墓の法律Q&A』（有斐閣，1994，共著），『大地震に伴う借地借家法Q&A131選』（日本法令，1995，共著），『死にぎわの法律Q&A』（有斐閣，1996，共著），『新しい福祉的支援と民事的支援』（筒井書房，2000），『介護保険サービス契約書の実務解説』（日本法令，2000），『定期借家法の解説と法律実務』（日本法令，2000），『これからの権利擁護』（筒井書房，2001），『社会福祉法人・福祉施設のための実践・リスクマネジメント』（全社協，2002），『知的障害者の自己決定権（増補版）』（エンパワメント研究所，2002），『Q&A土壌汚染対策法解説』（三省堂，2003），『高齢者の生活・福祉の法律相談』（青林書院，2004，編著），『家族と扶養』（筒井書房，2005），『これで納得！成年年齢　18歳成人論の意味と課題』（ぎょうせい，2009），『親権と子どもの福祉』（明石書店，2010），『虐待と親子の文学史』（論創社，2011），『権利擁護と福祉実践活動』（明石書店，2012），『建築請負契約の法理』（成文堂，2013），『借地借家法の立法研究』（成文堂，2014），『プラクティカル家族法』（日本加除出版，2014），『社会福祉と権利擁護』（有斐閣，2015，共著），『福祉現場のトラブル・事故の法律相談Q&A』（清文社，2015），『新しい相続法制の行方』（きんざい，2015），『独占禁止法の法律相談』（青林書院，2016，共著），『審判例にみる家事事件における事情変更』（新日本法規，2017），『判決例・審判例にみる婚姻外関係　保護基準の判断』（新日本法規，2018），『介護・医療現場が知っておくべき認知症高齢者への対応と法律問題』（新日本法規，2019，共著），『改正相続法対応　Q&A相続財産をめぐる第三者対抗要件』（新日本法規，2019），『介護事故の法律相談』（青林書院，2019），『実務精選120　離婚・親子・相続事件判例解説』（第一法規，2019，共著），『詳解　国際家事事件の裁判管轄』（日本加除出版，2019，共著），『子の親権・監護・面会交流の法律相談』（青林書院，2019），『成年後見ハンドブック』（法曹会，2020）など多数。

目　次

第 1 章

婚姻費用

Q 1 婚姻費用の意味と本質

民法760条は，夫婦は婚姻から生ずる費用（婚姻費用）を分担すると定めているようですが，婚姻から生ずる費用には，どのようなものが含まれるのでしょうか。再婚後の連れ子の養育費や老親の扶養料も婚姻費用に含まれるのでしょうか。

A

婚姻から生ずる費用（婚姻費用）とは，夫婦及び未成熟の子を含む婚姻共同生活を営むために必要な一切の生計費を指していますが，連れ子の養育費や老親の扶養料などは婚姻費用分担義務の問題ではなく，扶養義務に基づく費用負担義務の問題ですから，婚姻費用には含まれないものと考えられます。

☑ キーワード

婚姻費用，連れ子の養育費，老親の扶養料

解　説

1 婚姻費用の規定と解釈

民法760条は，「夫婦は，その資産，収入その他一切の事情を考慮して，婚姻から生ずる費用を分担する。」と定めています。婚姻から生ずる費用（婚姻費用）とは，夫婦及び未成熟の子を含む婚姻共同生活を営むために必要な一切の生計費を指しており，衣食住の費用・交際費・教養娯楽費・医療費・老後の準備費・子の出産費・子の養育費・子の教育費などが含まれるとされています。

2　連れ子の養育費が婚姻費用に含まれるか

再婚してまだ養子縁組をしていない連れ子の養育費が再婚後の夫婦の婚姻費用に含まれるかどうかについては，肯定した審判例があります☆1。その審判例は，先妻が死亡した後にその夫と婚姻した先妻の従妹の女性が他の女性と同棲している夫に対して先妻の連れ子の養育費を婚姻費用として分担請求したという事案に基づくものです。

そのような事案について，その審判例は，「相手方の先妻の子の養育費は相手方のみだらな遊興費などと違って，申立人等夫婦の共同生活関係に在るもののための費用，即ち婚姻費用に属すと解する。蓋し相手方は親として前記子に対する扶養義務があるので，申立人においてその子に対する扶養義務がなく又，申立人に対して扶養義務を負わす必要がないとしても，申立人と相手方との夫婦婚姻生活においては，その子の養育に関する費用等を婚姻費用より切りはなすことはできない。尤もこの点についての費用の分担は，主として相手方の分担すべき部分のものとなろうが，それがため婚姻費用に属さないと考えるべきでない。若しこれが婚姻費用に属さないとすれば，申立人が相手方の先妻の子の面倒をみても，その費用はそれが立替支出後反論者の云うように地方裁判所に訴求しなければならぬという不都合が生ずることになる。」と判断しました。

つまり，この審判例では，連れ子と親子関係にない者は，連れ子に対する扶養義務がないため，連れ子と親子関係にある者が主としてその子の養育費を分担すべきであるが，再婚後の夫婦共同生活において連れ子の養育費は婚姻費用から切り離すことはできないとしたものです。しかし，連れ子との間に親子関係がなく，扶養義務も負っていないにもかかわらず，養育費分担義務があるというのはその負担根拠が明確でないと思います。連れ子に対しては，その子の親が離婚後も扶養義務を負っているのですから，この論理を貫くと，連れ子の養育費について二重の負担義務を考えることになってしまいますから，連れ子の養育費については，扶養義務で規律すべきかと思われます。

そうすると，この審判例では，連れ子の養育費を請求している後妻には扶養義務がなく，扶養義務がある夫に対して連れ子の養育費を請求しているのですから，婚姻費用分担義務に基づく請求ではなく，扶養義務者でない後妻が扶養義務者である夫に代わって養育費を支払っているだけであり，事務管理費用として夫に対して全額求償できると考えてよい事案であったと思います。なお，再婚後に連れ子と養子縁組をした場合には，その子との間に嫡出親子関係が創設されますから，抽象的な扶養義務が発生しますし，夫婦共同親権体制となりますから，その子の養育費が婚姻費用に含まれるのは当然です。

3　老親の扶養料が婚姻費用に含まれるか

老親と婚姻後同居している場合，同居している老親の扶養料が婚姻費用に含まれるかどうかについても，肯定した審判例があります☆2。その審判例は，実母と同居して妻との間に２人の子を設けた後，妻子と実母を捨てて他の女性のもとに出奔した夫に対して，妻が実母の生活費を含めて婚姻費用として分担請求したという事案に基づくものです。

そのような事案について，その審判例は，「相手方の実母の臨時費及び経常生活費は申立人相手方間夫婦の婚姻費用に含まれるというべく，その負担は前者につき全額その実子である相手方に分担さるべきものと定める。」とし，その理由として，「本来実母の扶養関係は生活扶助義務と言われ，夫婦，未成熟子間の生活保持義務と区別されるが，本件の如く右扶助権利者と保持権利者が同居し，事実上世帯を形成し相互に助け合って共同生活を営んでいる関係上その費用が婚姻費用に含まれると解するときはその両権利者の扶養の程度方法については額算出において区別することなく同等に扱うのが関係ある当事者の意思及び人間本来の性情に適合するのみならず，本件相手方の如く義務者が相当の資力を有し右権利者相互が最低生活限界まで追いつめられるに至らない場合においては尚更であると解する。」と判断しました。

この事件についても，扶養料を負担している妻には，夫の実母に対する扶養義務はなく，扶養義務がある夫に対して実母の生活費を請求しているのですから，婚姻費用分担義務に基づく請求ではなく，扶養義務者でない妻が扶養義務者である夫に代わって実母の生活費を支払っているだけであり，事務管理費用として夫に対して全額求償できると考えてよい事案であると思います。

■判　例■

☆1　東京家審昭35・1・18家月12巻5号153頁。

☆2　大津家審昭46・8・4家月24巻11号47頁。

Q 2 婚姻費用分担義務の本質

民法760条は，夫婦は婚姻から生ずる費用を分担すると定めているようですが，なぜ夫婦は婚姻費用を分担しなければならないのでしょうか。夫婦財産契約で夫婦の一方のみが婚姻費用を負担し，他方は一切婚姻費用を分担しないと定めることはできないのでしょうか。

A

婚姻の法的効果として，夫婦には婚姻費用分担義務が課せられることになりますが，民法755条は，「夫婦が，婚姻の届出前に，その財産について別段の契約をしなかったときは，その財産関係は，次款に定めるところによる。」と規定していますから，夫婦財産契約において婚姻費用分担の内容や割合を定めている場合には，基本的に夫婦財産契約が優先されるべきだと思います。ただし，相手がどんなに困窮しても一切顧みないという意味で婚姻費用を絶対に分担しないという夫婦財産契約は，公序良俗違反で無効だろうと思います。

☑ キーワード

婚姻費用分担義務，夫婦の扶助義務，夫婦財産契約

解　説

1　婚姻費用分担義務の意味

民法760条は,「夫婦は,その資産,収入その他一切の事情を考慮して,婚姻から生ずる費用を分担する。」と定めています。したがって,何ら特別な契約をしていない以上,婚姻の法的効果として,夫婦には婚姻費用分担義務が課せられることになります。この婚姻から生ずる費用(婚姻費用)とは,夫婦及び未成熟の子を含む婚姻共同生活を営むために必要な一切の生計費を指しており,衣食住の費用・交際費・教養娯楽費・医療費・老後の準備費・子の出産費・子の養育費・子の教育費などが含まれると一般的に解されています。

2 夫婦財産契約と法定財産制の関係

民法における婚姻の効果については,人格的効果と財産的効果に分けて論じられています。婚姻の人格的効果としては,民法752条に定められている同居・協力・扶助義務があり,また,民法770条1項1号で不貞行為が離婚原因(婚姻契約の不履行事由)とされていることから貞操義務があるとされています。

婚姻の財産的効果としては,夫婦財産制として,夫婦財産契約と法定財産制とが定められています。民法第4編「親族」の第2章「婚姻」は,第3節「夫婦財産制」としており,その第1款「総則」の最初の条文である民法755条は,「夫婦が,婚姻の届出前に,その財産について別段の契約をしなかったときは,その財産関係は,次款に定めるところによる。」と規定しており,第2款「法定財産制」の最初の条文である760条で婚姻費用の分担を定めています。

そうすると,婚姻費用の分担について別段の夫婦財産契約をしているときには,その契約に従うこととなり,そのような契約をしていないときには,家事審判手続によって婚姻費用の分担義務が定められることになりそうです。しかしながら,婚姻の人格的効果である夫婦の扶助義務は婚姻の最も本質的な効果と考えられており,それを強行法規であると解するならば,少なくとも夫婦の扶助義務に違反する範囲ではそれに反する夫婦財産契約は無効だと考えられてきました。

民法752条をどのように解釈すべきかについては,学説に争いがありますが,別居合意を前提にする婚姻意思も尊重されるべきであるし,婚姻費用分担の割合などについてもある程度自由に定められてよいのではないかと考えるならば,同条は強行規定ではないとする解釈も十分に成り立ち得ると思います。ただし，相手がどんなに困窮しても一切顧みないという意味で婚姻費用を絶対に分担しないという契約は，強行法規違反で無効というより，公序良俗違反で無効と考えれば足りるのではないかと思います。

そうだとすれば，夫婦財産契約において婚姻費用分担の内容や割合を定めている場合には，基本的に夫婦財産契約が優先されるべきだと思います。したがって，夫婦財産契約で夫婦の一方のみが婚姻費用を負担し，他方は一切婚姻費用を分担しないと定めることもできるというべきです。しかし，事情変更等があった場合にまで当該夫婦財産契約の拘束力を肯定することはできませんし，公序良俗に反するような合意内容を肯定することはできないというべきでしょう。

Q3 一方的に家出した配偶者への請求

夫が突然家出をして，他の女性と同棲を始めたようです。夫が不倫をしているとは思ってもいなかったので，それだけでもショックですが，夫がこれまで生活費として私の銀行口座に送金していたお金の送金も途絶えてしまい，私と子どもの生活自体が困難に陥っています。このような場合，私は夫にこれまでと同様の生活費を請求できるものなのでしょうか。また，このような状態が今後も続くとすると，いつまで生活費を請求できるものなのでしょうか。

A

離婚が成立するまでの生活費を確保するには，婚姻費用分担調停を申し立てて話し合い，調停が成立しなかった場合には，家事審判として婚姻費用分担に関する処分がなされます。実務では，迅速性を重視して，簡易算定表によって具体的な婚姻費用分担額を定めることが多いものと思われます。婚姻費用分担請求は，婚姻の終了時までなし得ることとなります。

☑ キーワード

悪意の遺棄，婚姻費用分担請求，生活保持義務，有責性，簡易算定表

解　説

1　婚姻費用分担請求

民法760条は，「夫婦は，その資産，収入その他一切の事情を考慮して，婚姻から生ずる費用を分担する。」と定めています。つまり，夫婦には婚姻費用分担義務が課せられており，婚姻から生ずる費用（婚姻費用）として，夫婦及び未成熟の子を含む婚姻共同生活を営むために必要な生活費の分担を請求できることになります。

夫が家出をして他の女性と同棲を始めたことは，夫婦間の同居義務違反に該当し，生活費の送金を途絶えさせたことは，夫婦間の扶助義務違反にも該当しますから，夫の行為は悪意の遺棄として離婚原因に該当します（民770条１項２号）。したがって，夫に対して離婚調停を申し立てて離婚を請求することはできます。そして，離婚が成立するまでの間の生活費を確保するためには，婚姻費用分担調停を申し立てて話し合い，調停が成立しなかった場合には，家事審判として婚姻費用分担に関する処分がなされることになります（家事別表第二第２項）。

2　婚姻費用分担額の考え方

婚姻費用分担調停で婚姻費用分担額を決める場合には，夫と妻の協議で定めることになりますから，その金額もあくまでも当事者同士の話合いで決定することになります。しかし，協議が調わずに審判で婚姻費用分担額を決定する場合，どの程度の金額が婚姻費用として認められるのかについては，様々な考え方があります。

夫婦間の扶養義務については，「親族的扶養義務の本質」という論文で中川善之助博士が昭和３（1928）年に示した考え方[*1]が通説的な地位を占めています。そして，通説的な考え方では，夫婦間の扶助義務と婚姻費用分担義務を同一のものとしています。

中川博士は，この論文において，親が未成熟の子を養育する場合と夫婦が互いに生活を分かち合う場合の扶養義務を「生活保持の義務」とし，その他の親族関係が基礎となって発生する扶養義務を「生活扶助の義務」と区別すべきことを提唱しました*[2]。明治民法においては，明らかにこのような考え方は採用されていなかったため，中川博士はこのような考え方を立法論としてしか論じ得なかったのですが，「家的・儒教的倫理観を基礎として後順位におかれていた配偶者や子の扶養を受ける権利を，近代的核家族への方向に向かいつつある社会の発展に即応して，これを先順位にひきあげるべしとの主張であったのであり，この理論の果たした役割は極めて大きいものがあった」*[3]と評されて，通説的な地位を占めるに至ったわけです。

したがって，婚姻費用分担額についての通説的な考え方としては，厳格な生活保持義務の履行として，夫婦間及び未成熟の子に対しては，自己と同一の水準の生活を保障しなければなりません。そうだとすれば，本設問のように夫が一方的に家出した場合，妻や子どもには何らの責任もないのですから，婚姻契約上の合意内容である従来と同一の生活費を支払うべきでしょう。もっとも，夫が自己と同一の水準の生活を保障するのであれば，現実的には，別居によって夫の生活費負担は２倍相当になっているわけですから，必ずしも従来と同一の生活費が夫にとっての自己と同一の水準に該当するわけではありません。

当事者の有責性がどのようなものであったかを認定しようとすると，それだけで相当の時間を要することとなり，経済的に困窮する請求者側は直ちに行き詰まってしまいます。また，婚姻費用分担額を具体的に厳密に計算しようとすると，生活費の根拠となる証拠を集めるだけでも大変ですし，これにも相当な時間を費やすことになりかねません。そこで平成５（2003）年に「養育費・婚姻費用算定表」（簡易算定表）が公表され，令和元（2019）年12月にこれを改訂した簡易算定表が公表されています（その内容については，Ｑ８を参照）。実務では，迅速性を重視して，簡易算定表によって具体的な婚姻費用分担額を定めることが多いものと思われます。

3　婚姻費用分担請求の終期

婚姻費用分担請求は，その請求が婚姻の財産的効果として発生するものであることから，抽象的には，婚姻の成立時から婚姻の終了時までなし得ることとなります。婚姻の終了後は，婚姻費用分担義務は消滅することになりますが，財産分与の一要素として，離婚後扶養請求として形を変えて存続すると考えることも可能です（詳しくは，Q42を参照）。

なお，離婚時の財産分与請求において，婚姻中の費用分担を過去に遡って清算請求することができるかという問題もあります。判例は，「離婚訴訟において裁判所が財産分与の額及び方法を定めるについては当事者双方の一切の事情を考慮すべきものであることは民法771条，768条３項の規定上明らかであるところ，婚姻継続中における過去の婚姻費用の分担の態様は右事情のひとつにほかならないから，裁判所は，当事者の一方が過当に負担した婚姻費用の清算のための給付をも含めて財産分与の額及び方法を定めることができるものと解するのが，相当である。」と判断しています[☆1]。

■判　例■

☆１　最判昭53・11・14民集32巻８号1529頁。

■注　記■

＊１　中川善之助「親族的扶養義務の本質」法学新報３巻６号・７号（『法学セミナー臨時増刊　中川善之助　人と学問』法セ253号190頁以下に再掲載）。

＊２　中川・前掲（＊１）195頁。中川善之助『日本親族法』（日本評論社，1942年）444頁は，これを再論し，「生活保持の義務」は，最後に残された一片の肉までを分かち合うべき義務であり，「生活扶助の義務」は，己れの腹を満たして後に余れるものを分かつべき義務であるとしています。

＊３　於保不二雄＝中川淳編『新版注釈民法(25)親族(5)』（有斐閣，1994年）474頁〔太田武男〕。

Q 4　一方的に家出した配偶者からの請求

私は夫の態度に我慢ができないため，幼い子どもと一緒に家出をして，夫と離れて暮らすことにしました。私は別に不倫をしているわけでもありませんので，夫がこれまで生活費として私の銀行口座に送金していたお金はそのまま生活費としてほしいと思っています。夫からの生活費の送金が途絶えてしまった場合，私は夫に生活費を請求できるものなのでしょうか。せめて子どもの養育費は請求できるでしょうか。

A

設問の事情だけだとすれば，相談者が一方的に家出をして夫婦間の同居義務違反に該当しており，夫婦間の婚姻上の義務に違反した側から婚姻費用分担請求をなし得るかが問題となります。婚姻上の義務に違反した側が婚姻費用分担請求をなし得るとするのは，信義則違反や権利の濫用に該当することもありますが，婚姻費用分担請求事件の迅速な解決という観点からは，有責性が客観的に明らかな場合を除いて基本的には有責性を考慮しないという考え方もあり得ます。ただし，子どもには親の別居に関して何の有責性もないのですから，子どもの養育費部分については，常に婚姻費用分担請求をなし得ることになります。

☑ キーワード

悪意の遺棄，婚姻費用分担請求，有責性，養育費請求

解　説

1　婚姻費用分担請求

民法760条は，「夫婦は，その資産，収入その他一切の事情を考慮して，婚姻から生ずる費用を分担する。」と定めています。つまり，夫婦には婚姻費用分担義務が課せられており，婚姻から生ずる費用（婚姻費用）として，夫婦及び未成熟の子を含む婚姻共同生活を営むために必要な生活費の分担を請求できることになります。

本設問は，**Ｑ３**とは反対に，設問の事情だけだとすれば，相談者が一方的に家出をして夫婦間の同居義務違反に該当しており，相談者の行為が悪意の遺棄として離婚原因に該当することになります（民770条１項２号）。したがって，本設問では，夫婦間の婚姻上の義務に違反した側から婚姻費用分担請求をなし得るかが問題となります。

2　婚姻費用分担義務と有責性

通説的な考え方では，夫婦間の扶助義務と同一の義務であるとされている婚姻費用分担義務について，厳格な生活保持義務であると解されており，夫婦間及び未成熟の子に対しては，自己と同一の水準の生活を保障しなければならないとされています。そうだとすれば，本設問のように家出した側にもっぱら別居した責任（有責性）があるとしても，離婚が成立するまでは，一定の生活費は支払うべきであるとする考え方も成り立ち得るでしょう。

しかしながら，自らが婚姻上の義務に違反しておきながら，婚姻上の義務の履行を請求できるというのは，釈然としない気がします。ただし，本設問の「夫の態度に我慢ができない」という事情について，設問の事情だけでなく，夫から著しいドメスティック・バイオレンスがあったような場合には，妻が家出せざるを得なくなったのは夫の暴力によるものと解することができ，逆に，夫側に悪意の遺棄があったと考えることになりますから，家出した妻に有責性はなく，これまでと同額の生活費を請求できると解する余地があります。

しかし，そのような事情もなく，他に特段の理由もなく，漫然と妻が家出したというのであれば，家出した妻に有責性があり，妻の生活費請求は信義則違反あるいは権利濫用として許されないと解する余地もあります。家出した妻に不貞行為があった事案について，信義則違反として妻からの婚姻費用分担請求を却下した審判例☆[1]，権利の濫用として許されないとした審判例☆[2]などがあります。

つまり，婚姻費用分担請求において，当事者の有責性を考慮するとなると，どのような結論となるかわからないこととなります。そして，婚姻費用分担請求事件において，当事者の有責性の有無や程度について考慮するとなると，紛争が激化し，審理は相当長期化することは免れないこととなってしまいます。そうだとすれば，時間をかけてでも正義を追及するのか，それとも，経済的に困窮している側を迅速に救済するのか，という困難な問題に突き当たることとなり，前者を重視するとなると，経済的に優位に立っている側が必然的に有利となる不正義を生むというパラドックスが生じてしまうこととなります。

したがって，後者の迅速な救済という側面を無視することはできないこととなり，有責性が客観的に明らかな場合を除いて基本的には有責性を考慮しないという考え方や，有責性は副次的な要素としてのみ考慮するという考え方などが出てくることとなります＊[1]。

3　有責者からの子どもの養育費請求

婚姻費用のうち，子どもの養育費については，子どもには親の別居に関して何の有責性もないのですから，常に存続するというべきです。前掲（☆２）東京高決昭58・12・16や前掲（☆２）大阪高決平28・３・17も，子どもの養育費部分に限って婚姻費用分担請求を認めています。

判　例

☆１　福岡高宮崎支決平17・３・15家月58巻３号98頁。

☆２　東京高決昭58・12・16家月37巻３号69頁，東京家審平20・７・31家月61巻２号257頁，大阪高決平28・３・17判タ1433号126頁・判時2321号36頁。

注　記

＊１　考え方及び審判例の動向について，松本哲泓『婚姻費用・養育費の算定』（新日本法規，2018年）23頁以下を参照。

Q 5　婚姻関係が破綻している場合の請求

私は夫との関係がうまくいかなくなってきたので，夫と話し合って２年前から別居しています。私も働いており，子どももいないので，婚姻費用については話し合ってこなかったのですが，私の勤めている会社が倒産して失業してしまいました。なかなか新しい職場に就職することもできず，生活費に困る状態になっています。そのような場合，夫に婚姻費用分担請求ができるものでしょうか。

A

別居が２年も続いて，既に婚姻関係が破綻しているような場合には，別居した時点で相互に婚姻費用分担請求権を放棄したと解し得る場合もあるかもしれませんが，基本的には，離婚するまでは，具体的な扶養義務は存在するはずですから，簡単に婚姻費用分担請求権を放棄したと解することは許されず，婚姻関係が破綻して形骸化しているような場合には，婚姻費用分担義務は減額されると考えていいのではないかと思います。もっとも，「養育費・婚姻費用算定表」（簡易算定表）を使用する場合には，審理が長期化するとして破綻の程度を考慮しないことも多いとされています。

☑ キーワード

婚姻関係の破綻，婚姻費用分担額の減額，回復可能性，簡易算定表

解　説

1　婚姻費用分担請求

民法760条は，「夫婦は，その資産，収入その他一切の事情を考慮して，婚姻から生ずる費用を分担する。」と定めており，夫婦には婚姻費用分担義務が課せられており，婚姻から生ずる費用（婚姻費用）として，離婚が成立するまでは，夫婦及び未成熟の子を含む婚姻共同生活を営むために必要な生活費の分担を請求できることとされています。

それでは，別居が２年も続いて，既に婚姻関係が破綻しているような場合であっても，婚姻費用の分担を請求できると考えていいのでしょうか。夫との合意によって別居し，労働能力があって収入を得られないわけでもないのであれば，別居した時点で相互に婚姻費用分担請求権を放棄したと解し得る場合もあるかもしれません。しかし，夫婦間では，一方に扶養の必要性が生じ，他方に扶養の可能性がある限り，具体的な扶養義務が発生することになります。離婚するまでは，具体的な扶養義務は存在するはずですから，簡単に婚姻費用分担請求権を放棄したと解することは許されないと思います。

もっとも，別居が長期にわたっているような場合であっても，離婚するまではずっと同額の婚姻費用分担義務が存続していると考えるのも不都合が生じそうです。婚姻関係が破綻して形骸化しているような場合には，婚姻費用分担義務は減額されると考えていいのではないかと思います。しかし，たとえ別居が長期にわたっているとしても，婚姻関係を回復する可能性がある場合には，婚姻費用分担額を減額すべきではないと思います。

2　回復可能性を考慮した審判例

婚姻関係の回復可能性を考慮した審判例としては，夫が２年弱の同居後，女性関係によって一方的に家出したために４年ほど別居状態を生じている事案において，「一般に夫婦間の婚姻費用分担の程度は，いわゆる生活保持義務であって，自己と同程度の生活を家族にさせる義務があるといわれているが，婚姻が破綻状態になり，当事者双方に円満な夫婦の協同関係の回復への期待と努力が欠如している場合には，その分担額もある程度軽減されると解される。」としたものがあります☆1。

そして，同審判例は，「このような婚姻破綻についてどちらの配偶者に責任があるかという有責性については離婚の際の慰謝料あるいは財産分与において考慮されることはありうるとしても，婚姻費用分担義務は本来婚姻継続のための夫婦の協力扶助義務と共通の基盤に立つものであるから，その原因の如何にかかわらず，夫婦間にこのような基本的協同関係を欠くに至り将来回復の見込もないときは，夫婦の協同関係の稀薄化に伴ないある程度分担責任も影響を受けることはやむを得ないところであろう。」として，「相手方は申立人に対し過去の婚姻費用の分担として金100万円を直ちに，昭和47年９月以降の生活費として毎月金４万5000円を毎月末日かぎり支払うべきもの」としています＊1。

3　簡易算定表を使用する審判例

もっとも，簡易算定表を使用する場合には，審理が長期化するとして破綻の程度を考慮する裁判例は少ないことが指摘されています＊2。

例えば，平成19年に婚姻して３人の子をもうけた夫婦が平成26年に別居し，３人の子を監護している側が婚姻費用分担を請求して，平成27年に月額10万円等の婚姻費用分担の審判がなされた後，婚姻費用分担額の減額が申し立てられた事案について，福岡家小倉支審平29・３・17（判タ1452号77頁・家判18号97頁）は，相手方の収入が増加したことのみを考慮し，「当事者双方の収入を前提に，婚姻費用算定表のうち『表16　婚姻費用・子３人表（第１子，第２子及び第３子０～14歳)』を用いると，本件は，月額８万円～10万円の範囲の中間に属する。」として，「申立人の婚姻費用分担額は月額９万円」と定めています。

判　例

☆１　東京家審昭47・９・14家月25巻11号98頁。

注　記

＊１　その後の審判例と考え方については，松本哲泓『婚姻費用・養育費の算定』（新日本法規，2018年）17頁以下を参照。

＊２　二宮周平編『新注釈民法⒄親族⑴』（有斐閣，2017年）244頁〔犬伏由子〕など。

Q 6 過去の婚姻費用の請求

私は夫と 5 年前から別居しています。別居の原因は夫の女性関係で，夫が 5 年前に家出しました。私は夫に生活費を支払ってほしいと何度もお願いしてきたのですが，「こっちも生活が苦しい」と言って支払ってくれませんでした。最近は，夫の事業がうまく行くようになったようで，夫の手元にも相当程度の貯蓄があるようです。私としては，これまでの生活費もまとめて支払ってほしいと思っているのですが，過去の生活費も請求できるのでしょうか。

A

過去の婚姻費用を遡って請求できるかについて，その審判の将来に向かって形成する性質を強調すると，扶養義務者が義務の履行を遅滞すればするほど有利になってしまいますし，何らの具体的な請求がなされなくても後日まとめて巨額の請求もできるとすると，扶養義務者には酷になってしまいます。したがって，最高裁判例が過去の婚姻費用も請求できるとしていることを前提に，最近の審判例では，請求時あるいは調停申立て時に遡って請求できるとするものが多くなっています。

☑ キーワード

過去の婚姻費用請求，婚姻費用分担義務の始期，分担請求時，調停申立て時

解　説

1　過去の婚姻費用請求に関する学説

過去の婚姻費用を遡って請求できるかについては，かつて争いがありました。もともと婚姻費用分担を含む扶養に関する審判は，扶養要件の充足によって成立している扶養義務の具体的内容を確認するものと考える説（実体説）と，審判によって具体的扶養義務がはじめて形成されるものと考える説（形成説）の対立がありました。

確かに具体的扶養義務は，扶養義務の発生要件（扶養権利者の必要性と扶養義務者の可能性）を充足することによって発生し，それを将来に向かって審判で形成する性質をもっていることは否定できません。しかし，完全な形成説に従うとすれば，扶養義務者が義務の履行を遅滞すればするほど有利になってしまい，扶養義務を法定した意味が失われます。それでは，完全な実体説に従うとすると，何らの具体的な請求がなされなくても，後日まとめて巨額の請求もできる（消滅時効を援用し得る場合は別として）ということになってしまいます。

したがって，過去に遡れる時点につき，請求時とする説，扶養義務の種類別に区別する説，扶養義務の存在を知った時又は知りべかりし時とする説，調停申立て時とする説などが提唱されてきました＊[1]。

2　過去の婚姻費用請求に関する判例

この点に関する最高裁判例☆[1]は，「家庭裁判所が婚姻費用の分担額を決定するに当り，過去に遡って，その額を形成決定することが許されない理由はなく，所論の如く将来に対する婚姻費用の分担のみを命じ得るに過ぎないと解すべき何らの根拠はない。」として，過去の婚姻費用を請求できることを明確にしています。

ただしかし，どの時点まで遡れるのかという点について最高裁判決が明言しているわけではなく，下級審の審判例でも様々な時点が認められています。

① 要扶養状態（分担必要事情）発生時とするもの：「家庭裁判所がその分担関係を定めるに当っては審判または調停の成立時以後の分担関係のみならず，分担を必要とした事情の認められるかぎり分担について紛争を生じた当初に遡ってその分担関係を定め得るものと解すべきである。従って，家庭裁判所の審判における婚姻費用分担の始期は，審判申立時以後に限らるべきであるとするような根拠は少しも存しない。」☆2

② 要扶養状態にありかつ義務者がそれを知り得た時とするもの：「家庭裁判所が婚姻費用分担額を決定するに当り，単に請求時或いは審判時以降にとどまることなく，それが要扶養状態にありかつ義務者がそれを知り得た時期に遡ってその額を決定し得るものと解するのが相当」☆3

③ 別居時とするもの：「本件婚姻費用分担の始期については，長女について要扶養状態が生じ，相手方も了知したと認められる別居時から支払わせるのが相当である。」とした原審判をそのまま維持して別居時からの請求を認定している☆4。

④ 分担請求時とするもの：「婚姻費用分担義務の始期は，同義務の生活保持義務としての性質と両当事者間の公平の観点から考えれば，権利者が義務者にその請求をした時点と解すべきである。」☆5

3 最近の婚姻費用分担請求に関する審判例

最近の審判例については，上記④の分担請求時説をとっているものが多いようです*2。もっとも，平成29年末から平成30年の審判例は，婚姻費用分担調停申立時説を採用しているものが多数となっています。東京高決平29・12・15（判タ1457号101頁）は，「婚姻費用分担金支払の始期は，相手方が婚姻費用分担調停を申し立てた平成27年９月とするのが相当である」と判断しています。

その後の東京高決平30・４・19（判時2403号58頁）は，「当事者間の婚姻費用の分担額を定めるべき始期は，本件審判手続移行前の調停事件が申し立てられた平成28年８月からとするのが相当」と判断した原審判をそのまま維持しています。東京高決平30・４・20（判タ1457号85頁・家判20号56頁）は，「調停を申し立てた平成28年10月を始期として認めるのが相当」とし，大阪家審平30・７・10（判タ1460号121頁・家判21号73頁）も同様に，「婚姻費用分担金支払義務の始期は，申立人が相手方に対し本件調停を申し立てた日の属する月である平成28年10月とする」としています。

■判　例■

☆１　最判昭40・６・30民集19巻４号1114頁。
☆２　東京高決昭42・９・12判時510号49頁・家月20巻５号105頁。
☆３　広島高決昭50・７・17家月28巻４号92頁。
☆４　大阪高決昭59・12・10家月37巻９号75頁。
☆５　東京高決昭60・12・26判タ603号80頁・判時1180号60頁。

■注　記■

＊１　青山道夫＝有地亨編『新版注釈民法㉑親族⑴』（有斐閣，1989年）438頁以下〔松嶋道夫〕。
＊２　松本哲泓『婚姻費用・養育費の算定』（新日本法規，2018年）10頁など。

Q 7　将来の婚姻費用の請求

私は夫と離婚調停中ですが，とりあえずの生活費を決めて支払ってもらいたいと考えています。そのようにして取り決めた生活費の請求権は，離婚が成立すれば消滅してしまうのでしょうか。離婚が成立した後も，しばらくは生活費を支払ってもらいたい場合には，どのようにすればいいのでしょうか。

A

夫婦間で協議して将来の生活費額を決めておくことができますし，協議が調わなければ，婚姻費用分担調停・審判を申し立てて，家庭裁判所において将来の生活費額を決めておくこともできます。しかし，離婚が成立すれば，婚姻費用分担義務自体は消滅しますから，離婚に基づく財産分与として，離婚後扶養料として将来の生活費を請求するしかないでしょう。

☑ キーワード

将来の婚姻費用分担額，婚姻費用分担義務の終期，財産分与，離婚後扶養

解　説

1　婚姻費用分担請求

民法760条に基づいて，夫婦には婚姻費用分担義務が課せられていますから，

離婚が成立するまでは，夫婦及び未成熟の子を含む婚姻共同生活を営むために必要な生活費の分担を将来に向かって請求できます。したがって，夫婦間で協議して生活費額を決めておくことができますし，協議が調わなければ，婚姻費用分担調停・審判を申し立てて，家庭裁判所において決めておくこともできます。

しかしながら，婚姻費用分担義務は，あくまでも婚姻中の効果として認められているものですから，離婚が成立すれば，婚姻費用分担義務自体は消滅すると言わざるを得ません。一般論としては，婚姻費用分担義務の終期は，離婚による婚姻解消時を含む婚姻の終了時ということになります。**Q 6** は，婚姻費用分担を過去に遡っていつから請求できるかという始期の問題でしたが，本設問はいつまで請求できるかという終期の問題になります。

なお，これまでの審判例では，婚姻費用分担の終期につき，「別居期間中」あるいは「別居解消に至るまで」などと終期を明記したものも多いのですが，別居期間の長期化によって婚姻関係が破綻し，婚姻関係の回復可能性がなくなってしまえば，養育費を除く部分では，婚姻費用分担義務が減額・消滅することもあり得ないではありません（**Q 5** を参照）。そうだとすれば，必ずしも審判において終期を命ずる必要はなく，審判後の事情変更による変更可能性を踏まえて，終期を定めない方式での審判例もあり得ることになります☆1。

2　離婚後の生活費請求

もっとも，離婚後には，一切の生活費請求がなし得ないかというとそうではなく，当事者間の合意をもって離婚後の生活費支給義務を設定することはもちろん可能です。生活費支給が執行妨害や脱税等に該当しない限り，私的自治の原則によって，当事者は自由に契約をすることができます。

そのような合意がなされない場合であっても，離婚に基づく財産分与として，離婚後扶養料を請求できる場合があります。財産分与請求において，離婚後扶養という考え方を重視すべきかどうかについては，学説上，大きな争いがあります。その点については，**Q42** で詳しく検討したいと思います。

なお，財産分与請求において，過去の婚姻費用分担の清算請求をなし得ることについては，学説上もほとんど異論はないところです。また，離婚裁判の附帯処分としての財産分与の決定において過去の婚姻費用の分担が考慮されなかった場合には，別途婚姻費用分担審判の申立てを行うことは妨げられないとされています☆2。もっとも，離婚訴訟における財産分与に関する処分に既判力が及ぶかどうかについては学説上の争いがあり，多数説は，財産分与に関する処分は本質的に非訟事件であるという理由に基づいて既判力を否定していますが，既判力を肯定する有力説もありますから，今後の展開に注意しておくことが必要です。

判　例

☆1　東京高決昭39・4・1家月16巻10号100頁。
☆2　和歌山家妙寺支審昭62・3・30家月39巻10号94頁。

Q 8 婚姻費用の簡易算定表

婚姻費用の分担を決めるためには，お互いにどのような収入と支出があるのかを照らし合わせる必要があると思います。しかし，それを厳密に計算していると，裁判所での審理に時間がかかって，いつまで経っても婚姻費用を支払ってもらえないのではないかと思ってしまいます。生活費は，別居直後からどうしても必要になりますから，早く支払ってもらうためにはどうしたらいいのでしょうか。

A

婚姻費用分担額を算定するにはどのような計算方式が妥当かについては，従前から考え方が分かれていましたが，婚姻費用分担事件の迅速な解決を目的として，平成15（2003）年４月，東京・大阪の裁判官によって，婚姻費用の標準的算定方式と簡易算定表が提案されました。これに対する批判としては，平成28（2016）年11月に日本弁護士連合会「養育費・婚姻費用の新しい簡易な算定方式・算定表に関する提言」が公表されました。そして，令和元（2019）年12月，東京及び大阪の裁判官によって，様々な批判に対する見直しを踏まえた新しい標準的算定方式と新しい簡易算定表が公表されました。この新しい標準的算定方式と新しい簡易算定表に従えば，より的確かつ迅速な解決が図れるようになると思われます。

☑ キーワード

収入按分型，標準算定方式，旧簡易算定表，日弁連算定表，新簡易算定表

解　説

1　簡易算定表の前史

婚姻費用分担額を算定するにはどのような計算方式が妥当かについては，従前から考え方が分かれていました。例えば，①諸事情を比較衡量して家庭裁判所が決める自由裁量型，②統計資料などの客観的実額に依拠して決める客観実額型，③夫婦の収入を按分して決める収入按分型などの考え方が示されていました。②の客観実額型でも，②－１実費方式，②－２生活保護基準額方式，②－３標準家計費方式などがあり，③の収入按分型にも，③－１労研消費単位按分方式，③－２生活保護基準実額比率按分方式などがあります。

いずれにしても，婚姻費用分担額を算定するには，双方当事者の収入・支出の把握と必要生活費の算出が必要になります。収入については，実際の税込総収入の把握が必要です。支出については，実際の非消費支出（公訴公課，社会保険料等）と恒常的特別経費（職業経費，家賃，医療費等）を控除しなければなりません。必要生活費については，実費方式では，事実認定が著しく困難で時間がかかりすぎるとの批判があり，実務では，労研消費単位按分方式や生活保護基準実額比率按分方式などが使用されていました。

2　簡易算定表の提案

以上のような当事者の収入・支出の把握には相当な審理時間を要しており，迅速な処理の要請が高まっていました。例えば，婚姻費用分担請求がなされるのは，夫が未成熟の子と妻を見捨てて，他の異性のもとに家出してしまったような場合ですから，妻と未成熟の子の生命維持・貧困化防止が不可欠の要請です。それにもかかわらず，審理に時間がかかりすぎてしまっては，妻と未成熟の子の生命維持・貧困化防止に支障を来してしまいます。

そこで，婚姻費用分担事件の迅速な解決を目的として，平成15（2003）年４

月，東京・大阪の家庭裁判所の裁判官によって，婚姻費用の標準算定方式の研究がなされ，それに基づく婚姻費用の簡易算定表が提案されることとなりました。婚姻費用の標準算定方式については，生活保持義務（これに関しては，Q３を参照）であることを前提に，双方の当事者の総収入を算出し，これから必要経費である非消費支出と恒常的特別経費などを控除した基礎収入について，権利者・義務者・子が同居しているものと仮定した指数を按分して計算するものです。その指数に関しては，親の指数を「100」とした場合，年齢０歳から14歳までの子の指数は「55」，15歳から19歳までの子の指数は「90」として計算することにしていました。

この簡易算定表の具体例としては，夫婦のみである場合の婚姻費用について，▩資料１（巻末掲載）*[1] のようなものになっていました。

この標準算定方式・簡易算定表（以下「旧標準算定方式」「旧簡易算定表」といいます）は，あくまでも標準的な金額を簡易迅速に算定するためのツールであって，最終的な金額については，それぞれの事案の個別的な要素を勘案して家庭裁判所が決めるべき性質のものです。ただし，個別的な要素を丁寧に考慮しようとすると，簡易迅速性を害してしまう可能性があり，簡易迅速性の保障と個別的な正義の実現は，時として相反する要請になり得ることは否定できません。したがって，簡易算定表に対しては，簡易迅速性を評価して妥当とする考え方とより具体的な正義の実現が必要として批判する考え方がありました。

3　日弁連の批判的算定方式

旧簡易算定表に対する批判としては，平成28（2016）年11月に公表された日本弁護士連合会「養育費・婚姻費用の新しい簡易な算定方式・算定表に関する提言」（以下「新算定方式」「新算定表」といいます）が重要です。日弁連は，平成24（2012）年３月に「『養育費・婚姻費用の簡易算定方式・簡易算定表』に対する意見書」を発表していましたが，そこからさらに研究を進めて，その４年後に提言を公表したことになります。

日弁連の提言は，次の２つの点を要点としているとされています*[2]。

(1)　給与所得者の基礎収入は総収入の約６～７割

基礎収入は，総収入から「公租公課」や「経費」を控除した可処分所得ですが，日弁連の新算定方式・新算定表においては，従来「特別経費」とされていた住居関係費等は，生活費として取り扱い，総収入から控除する前記「経費」には含めないこととしています。また，稼働する者の「経費」である職業費（交通費等）は，世帯の中の稼働する者の支出だけに限定し，稼働しない者が支出する交通費等を含めないこととしています。結果として，新算定方式・新算定表における給与所得者の基礎収入は，総収入の約６～７割となります（なお，旧標準算定方式・旧簡易算定表における給与所得者の基礎収入は，約４割です）。

⑵　生活費を年齢と世帯人数に即してきめ細かに算定

養育費・婚姻費用は，義務者及び権利者の基礎収入を義務者と子（及び権利者）に配分して算出されます。その配分のために指標として用いる生活費指数には，生活保護基準が利用されます。その際，生活保護基準に基づき個人単位で支給される食費や被服費等は，そのまま義務者・権利者又は子どもに分配されたものとして取り扱いますが，日弁連の新算定方式・新算定表においては，世帯単位で支給される光熱費や住宅扶助等は，義務者・権利者も子どもも世帯の一員として平等に取り扱い，頭割りで分配してそれぞれの生活費指数を求めています。また，子どもの年齢区分は，新算定方式においては４区分とし，新算定表は利便性を優先して３区分としています。

このような考え方に基づく日弁連の新算定方式・新算定表の具体例としては，夫婦のみである場合の婚姻費用について，▩資料２（巻末掲載）＊3 のようなものが示されていました。

4　新簡易算定表の公表

日弁連の批判に関しては，様々な意見がありました＊4。その中でも最も重要なものは，やはり簡易迅速性を重視するのか，それとも審理を尽くしても個別具体的な正義の実現を目指すべきなのかという点だったと思います。そこで東京及び大阪の家庭裁判所の裁判官により，平成30年度司法研究として，「養育費，婚姻費用の算定に関する実証的研究」がなされ，養育費・婚姻費用の標準算定方式・算定表に改良すべき点がないか検証されました。

その結果，令和元（2019）年12月，その研究報告がなされ，従来からの家庭裁判所において養育費又は婚姻費用の算定をする際に活用されている資料（標準的な養育費・婚姻費用の額を簡易迅速に算定するための標準算定方式・算定表）の考え方を踏襲しつつ，基礎となる統計資料を更新するなどした標準算定方式・算定表（以下「新標準算定方式」「新簡易算定表」といいます）が提案されました＊5。

新標準算定方式では，従来からの収入按分型（生活保護基準実額比率按分方式）を維持しつつ，統計資料・制度等について最新のものに更新し，基礎収入について以下のような考え方を示しています。①公租公課は，旧標準算定方式・旧簡易算定表と同様に理論値で算出する，②職業費は，旧標準算定方式・旧簡易算定表と同様の７項目（①被服及び履物，②交通，③通信，④書籍・他の印刷物，⑤諸雑費，⑥こづかい，⑦交際費）を控除対象とし，「被服及び履物」「通信」「書籍・他の印刷物」のみ世帯人員で除し，有業人員で乗じた金額を職業費として計上し，その他の費目についてはその全額を職業費として計上する，③特別経費は，旧標準算定方式・旧簡易算定表と同様に住居関係費，保健医療及び保険掛金を特別経費として総収入から控除するものとしています。この方式によれば，給与所得者の総収入に占める基礎収入割合は，おおむね54～38％となるようです。なお，自営業者の基礎収入も，おおむね61～48％になるものとされています。

生活費指数については，子の年齢区分は，旧標準算定方式・旧簡易算定表と同様に２区分とし，成年年齢が令和４（2022）年４月から18歳に引き下げられますが，子が18歳に達したことが直ちに婚姻費用の減額事由には該当しないことを前提に，区分期間は０～14歳，15歳以上とされました。生活費指数算出にあたって用いる統計は，高校無償化の影響を受けている平成25年度を除く，直近の４年分のものとしています。生活費指数の算出方法は，旧標準算定方式・旧簡易算定表と同様とし，世帯区分は考慮しないものとしています。その結果，生活費指数は，０～14歳が「62」，15歳以上が「85」となるものとされています。

このような考え方に基づく新簡易算定表の具体例としては，夫婦のみである場合の婚姻費用について，▩資料３（巻末掲載）＊6のようなものが示されています。

■注　記■

＊１　「表10　婚姻費用・夫婦のみの表」裁判所「養育費・婚姻費用算定表」(https://www.courts.go.jp/tokyo-f/vc-files/tokyo-f/file/santeihyo.pdf)。

＊２　日弁連提言について，詳しくは，日本弁護士連合会両性の平等に関する委員会編『養育費・婚姻費用の新算定表マニュアル』（日本加除出版，2017年）を参照。

＊３　「新算定表早わかりガイド　算定表20　婚姻費用・夫婦のみの表」日本弁護士連合会「養育費・婚姻費用の新算定表とＱ＆Ａ」(https://www.nichibenren.or.jp/library/ja/publication/booklet/data/youikuhi_QA.pdf)。

＊４　旧簡易算定表と日弁連の新算定方式・新算定表の比較検討については，松本哲泓『婚姻費用・養育費の算定』（新日本法規，2018年）51頁以下を参照。

＊５　詳しい内容については，司法研修所編『養育費，婚姻費用の算定に関する実証的研究』（法曹会，2020年）を参照。

＊６　「表10　婚姻費用・夫婦のみの表」(https://www.courts.go.jp/vc-files/courts/file5/konpi-10.pdf) 裁判所「養育費・婚姻費用算定表（改定標準算定表〔令和元年版〕)」令和元年12月23日公表 (https://www.courts.go.jp/toukei_siryou/siryo/H30shihou_houkoku/index.html)。

Q 9 婚姻費用分担と事情変更

夫と別居するにあたって，私も夫も働いていることを前提として，支払ってもらう生活費額を決めました。ところが，その後に私が病気になってしまい，私の収入はなくなってしまいました。そのような場合には，夫と取り決めた生活費額を値上げしてもらうよう請求することはできるのでしょうか。いったん決めたからには，簡単には変更できないものなのでしょうか。

A

いったん生活費（婚姻費用分担額）を取り決めたとしても，別居が長期にわたる場合には，婚姻費用分担額が実態にそぐわなくなってくることが想定されますから，民法880条を類推適用して，事情変更に基づく協議・審判等の変更は認められると思います。変更審判をするには，変更の必要性と変更の相当性を要すると思います。変更の必要性とは，実体法上の要件（権利者の扶養必要性と義務者の扶養可能性）に変動が生じていることを指しています。また，変更の相当性とは，前の協議又は審判の内容を維持することが不当あるいは不公平であることなどを指しています。

☑ キーワード

事情変更の法理，婚姻費用分担と事情変更，協議・審判等の変更の要件

解　説

1　婚姻費用分担と事情変更の法理

いったん生活費（婚姻費用分担額）を取り決めたとしても，別居が長期にわたる場合には，婚姻費用分担額が実態にそぐわなくなってくることが想定されます。例えば，一方の配偶者の勤務している会社が倒産して収入が途絶えてしまった，他方の配偶者が病気になって婚姻費用が増加した，などの事情の変動があり得ます。その場合，婚姻費用分担義務を事情変更によって変更する旨の明文規定は存在していません。

家事審判例では，身分関係上の請求権に関する，あるいは，非訟事件の性質を有するなどの理由に基づいて，事情変更の法理の適用を認めているものがあります。確かに，身分関係上の請求権は非訟事件の性質を有しているがゆえに，事情変更の法理が認められてしかるべきです。

そもそも婚姻費用分担義務は，法定財産制において夫婦別産制を採用したことに対応して費用は分担し合うものと定められたものですが，婚姻費用分担義務と夫婦間の扶助義務とは同一の目的を有しており，養育費等を除くとほぼ一致するものと解されています。そうだとすれば，婚姻費用分担義務に関する定めは，夫婦間の扶養義務に関するものとして，民法880条を類推適用することができると考えられます。

もっとも，夫婦間の扶助義務は，生活保持義務という重い義務であり，民法880条が前提としている扶養義務は，主として生活扶助義務という軽い義務であるとすると，類推する場合の適用要件は変わるはずです。しかし，少なくとも，協議又は審判がなされた場合であっても，その後に事情変更を生じたときには，家庭裁判所がその協議又は審判を変更・取消しをすることができることは認められるものと思われます。

2 事情変更において斟酌できる事情の範囲

それでは，事情変更の要件はどのように考えればいいでしょうか。民法880条は，「協議又は審判があった後事情に変更を生じたとき」という要件を定めているだけです。この点に関しては，家庭裁判所等の審判例は様々に分かれています。審判例では，非常に緩やかに変更を認めるものから，予見できなかった事情がある場合に限定して変更を認めるものまで，かなりその判断に幅が存しています。

学説には，①事情変更とは非訟事件における事情変更の法理を注意的に確認的に確認宣言したものにすぎず，前の協議ないし審判（調停）の変更・取消しに必要かつ相当であると判断されるに足る程度の顕著性が具備される必要があるとされるもの*[1]，②当該事情とは前の審判又は協議の際に考慮されその前提ないし基準とされていた事情を指し，その中には既に判明していた事情のほか当事者において当然予見し得た事情も含まれるため，予見し得た事情が現実化しても原則として事情変更に当たらないとするもの*[2]，などがあります。

長期にわたる夫婦間の経済的給付義務を考えるのであれば，一般の契約における事情変更の法理とは異なり，夫婦間での実質的な資力や生活形態の変化を広く考慮していくべきだろうと思います。なぜなら，権利者の扶養必要性と義務者の扶養可能性という実体法上の要件自体が変動要素を含んでいるからです。そういう意味で，扶養義務は常に変動する性質を有しており，その法的反映たるべき協議又は審判の内容も実体的な変動に則した解決が求められます。そうであるからこそ，民法880条も広く規定しているのだと思われます。

3 家事事件と事情変更の法理

そうだとすれば，民法880条のように明文をもって「協議又は審判があった後事情に変更を生じたとき」と定めている意味は，契約における事情変更の法理のように厳格な要件を確認的に規定したものではなく，特別規定として広く柔軟に諸要素を考慮し得ることを規定していると考えるべきではないかと思われます。夫婦関係においては，将来的に一方配偶者が病気になったり，あるいは，一方配偶者が重婚的内縁関係に陥ったり，その後に婚外子が出生したりするなどの事態は，必ずしも予見し得ない事情とはいいがたいでしょう。それらの事情も，むしろ別居生活をしている以上，予見すべき事情ともいい得るのではないかと思います。

したがって，婚姻費用分担においては，結論として，事情変更に基づく協議又は審判の変更・取消しが認められるかどうかはともかく（事情変更は認められるが，必要性や相当性を否定して協議又は審判の変更・取消しは認めないという結論はあり得ます），協議又は審判後に生じた事情変更には広く夫婦間の収入や生活実態の変化を考慮すべきです。ただし，あくまでも協議や審判がなされた後の事情変更を指しているのであって，協議や審判がなされた時点までに存在した事情を後から斟酌すべきではありません。

4　婚姻費用分担における審判変更等の要件

婚姻費用分担において，協議や審判（調停を含みます）によって成立している具体的な義務について，後の事情変更に基づき，審判をもって変更・取消しをなすための要件はどのように考えるべきでしょうか。この点について，審判例は，①事情の変更を広く認定し，緩やかに前の協議や審判の変更を認めるもの☆1，②事情を広く認定するが，前の協議や審判の内容を変更する必要性と相当性を要件として変更を認めるもの☆2，③事情につき予見し得ない事情の変更が生じた場合に限定して変更を認めるもの☆3，に大別できると思います。

事情変更の原則の適用については，単に事情変更があったからといって，既に成立している協議や審判を一方的に審判で変更できるとするのは，理論的にも不十分ではないかと思われます。なぜなら，協議や審判によって成立している具体的扶養義務は，権利者の扶養必要性と義務者の扶養可能性という実体法上の要件をふまえているのであって，実体法上の要件に変動がないにもかかわらず，協議や審判の拘束力を覆して協議や審判の内容を変更してよいものではないからです。

また，そうだからといって，事情変更の原則を適用するにあたり，前の協議や審判の時点で予見し得なかった事情のみを考慮し得るとするのは，あまりにも狭すぎて，かえって実体法上の要件を欠いている状態になっているにもかかわらず，具体的扶養義務の内容を変更し得ない不都合が生じることになります。実際にも，前述したように，配偶者間での事情変更は，およそ予見できない事情は少ないのではないかとも考えられます。

そうだとすれば，婚姻費用分担における事情変更の要件を考えるにあたって考慮すべき事情は，広く前の協議や審判の基礎となっている事情全般を含むこととし，変更審判をなすべき要件としては，変更の必要性と変更の相当性という２つの要件で足りるのではないかと思われます。変更の必要性を考えるにあたっては，実体法上の要件（権利者の扶養必要性と義務者の扶養可能性）に変動が生じているかどうかを検討しなければならないのであって，実体法上の要件を満たす範囲では変更の必要性が認められることとなると思います。また，変更の相当性を考えるにあたっては，前の協議又は審判の内容を維持することが不当あるいは不公平であること，変更することに基づく当事者の負担が過度の負担とならないこと，などをふまえることとなるでしょう。

判　例

☆1　大阪高決昭36・３・１家月13巻７号104頁，熊本家審昭53・２・20家月31巻２号142頁，和歌山家審平21・11・24家月62巻11号100頁。

☆2　神戸家審昭48・12・17家月26巻７号24頁，大阪高決昭49・２・28家月26巻12号58頁，東京高決平16・９・７家月57巻５号52頁。

☆3　広島家三次支審昭43・10・17家月21巻３号61頁，大阪高決平22・３・３家月62巻11号96頁。

注　記

＊1　於保不二雄＝中川淳編『新版注釈民法(25)親族(5)』（有斐閣，1994年）550～552頁〔明山和夫〕。

＊2　林良平＝大森政輔編『注解判例民法４　親族法・相続法』（青林書院，1992年）540頁〔清水悠爾〕。

Q 10　婚姻費用の請求手続

夫と今後の生活費の分担のことを話し合わずに，とりあえず別居することにしました。しかし，私としても小さな子どもを抱えて生活費を支払ってもらわなければ生活が成り立たないので，夫に今後の生活費を請求したいと思います。どうしたらいいのでしょうか。

A

当事者の協議によって婚姻費用（生活費）の分担を決められない場合には，家庭裁判所に婚姻費用分担の調停を申し立てて，家裁で調停委員の力も借りて婚姻費用の分担について話し合うことができます。もし話合いがまとまらずに調停が不成立になったとすると，自動的に婚姻費用分担の審判に移行して，裁判官の審判によって今後の婚姻費用の分担のことが定められることになります。現在の実務では，簡易迅速さを重視して，新標準算定方式と新簡易算定表を使用して分担額を定めることが多いと思われます。

☑ キーワード

婚姻費用分担調停，婚姻費用分担審判

解　説

1　別居中の婚姻費用分担調停の申立てへの流れ

民法760条は，夫婦間の婚姻費用分担義務を定めています。したがって，別居後に夫婦が婚姻費用分担について協議できないときは，家裁が審判によって婚姻費用分担に関する処分を定めることになります（家事別表第二２項）。したがって，協議できない場合には，直ちに審判を申し立てることはできるのですが，まず，婚姻費用分担の調停を申し立てて，調停手続の中で話し合うことが多いでしょう（家事244条）。いきなり審判を申し立てたとしても，家裁は事件を調停に付すことができます（家事274条）。そして，調停が不成立となって終了した場合には，調停申立て時に家事審判の申立てがあったものとみなされて，審判手続に移行することになります（家事272条４項）。

婚姻費用の分担を円滑に，しかも継続的に実施するためには，婚姻費用の分担を実施する協議の成立又は婚姻費用の分担の審判がなされるだけでなく，夫婦間において，婚姻費用の分担の実施に向けて相互に協力することが重要です。したがって，婚姻費用分担請求事件については，離婚調停と離婚の訴えのような調停前置主義（家事257条）がとられているわけではありませんが，まずは調停を申し立てるという運用がなされています。

2　婚姻費用分担調停の流れ

婚姻費用分担調停は，申立書を家庭裁判所に提出することから始まります（家事255条１項）。この申立書には，当事者等や申立ての趣旨・理由を記載しなければなりません（同条２項）。婚姻費用分担調停の場合の申立ての趣旨は，「相手方は，申立人に対し，令和○年△月から離婚又は別居解消に至るまで，毎月末日限り金□万円を支払え。」等と記載します。調停申立書は，原則として，その写しを相手方に送付することになっていますから（家事256条１項），複写式になっている定型書式を使わない場合には，申立書の写しも提出しなければなりません。

婚姻費用分担調停は，調停委員会の下で，当事者への手続の説明を行って，双方から総収入や非消費支出，恒常的特別経費などを聴取し，新標準算定方式及び新簡易算定表に当てはめて婚姻費用分担を算定することが多いと思われます（新標準算定方式と新簡易算定表についてはＱ８を参照）。

3 婚姻費用分担審判の流れ

婚姻費用分担調停が成立しなかった場合，自動的に婚姻費用分担審判に移行しますから，改めて書類を出し直す必要はありません。婚姻費用分担審判の審理は，双方から事情を聴取し（家事68条１項），当事者の審問等を行い（同条２項・69条），事実調査をしたときはその旨を通知し（家事70条），審理を終結して（家事71条），審判日を定め（家事72条），家庭裁判所が最終的な決定（審判）を行います（家事73条）。

現在の実務では，簡易迅速さを重視して，新標準算定方式と新簡易算定表を使用して分担額を定めることが多いと思われます。

Q 11 婚姻費用分担と保全処分

婚姻費用の分担を求めて，別居している夫に対して，調停を申し立てましたが，夫がなかなか話合いに応じてくれず，必要な書類も出し渋っているため，調停が長引いています。審判前の保全処分という制度があると聞いたのですが，その申立てをすれば，少しでも早く婚姻費用の分担がなされるものでしょうか。

A

家事事件手続法には，審判前の保全処分という制度が規定されており，婚姻費用分担調停の申立てがあった場合には，審判前の保全処分を申し立てることができます。婚姻費用の分担については，金銭の仮払いを求めることがこの審判前の保全処分に該当しますから，少しでも早く婚姻費用の分担を実現することができます。

☑キーワード

審判前の保全処分，家事調停の申立て，疎明，金銭の仮払い

解　説

1 家事事件における審判前の保全処分

家事事件については，本案である家事審判事件について，家事調停の申立てがあった場合には家事調停裁判所が仮差押え・仮処分・財産の管理者の選任そ

の他必要な保全処分を命ずる審判をすることができるとされています（家事105条１項)。これは「審判前の保全処分」と呼ばれています。婚姻費用の分担に関する処分もこの対象に含まれます（家事157条１項２号)。

審判前の保全処分の申立ては，その趣旨と保全処分を求める事由を明らかにしてしなければなりません（家事106条１項)。そして，保全処分は，本案である家事審判事件の審判がなされるまでの間の暫定的な処分を求めるものですから，証明という高いレベルの心証が必要なのではなく，疎明というレベルの心証で足りるとされています（同条２項)。

本来，家事審判事件では，職権探知主義がとられており（家事56条１項)，家庭裁判所の後見的役割が期待されているのですが，審判前の保全処分については，緊急性が高く，迅速処理が強く要請されますから，申立人自身に保全処分を求める事由の疎明責任を負わせないと，迅速な裁判資料の収集が困難であると考え，例外的に保全処分を求める事由（本案認容の蓋然性及び保全の必要性）について，保全処分の申立人に疎明義務（責任）を負わせることとしています＊1。

2　婚姻費用分担請求事件と審判前の保全処分

婚姻費用分担請求事件で審判前の保全処分を利用しようとすると，保全処分を求める事由として，婚姻費用分担が認められるという本案認容の蓋然性を疎明しなければならないとともに，保全の必要性を疎明しなければならないことになります。家庭裁判所は，職権で事実調査を行ったり，証拠調べをしたりすることもできます（家事106条３項)。

婚姻費用分担を求める審判前の保全処分は，緊急性に鑑みて，疎明という条件だけで仮処分を命ずることができますし，金銭の仮払いを求めることが審判前の仮処分に該当します。したがって，審判前の保全処分を利用すれば，少しでも早く婚姻費用の分担を実現することができます。

注　記

＊１　金子修編著『逐条解説・家事事件手続法』（商事法務，2013年）347頁。

Q 12 婚姻費用分担と強制執行

婚姻費用分担の調停で，話し合って今後の婚姻費用の分担を定めたにもかかわらず，調停が終わってしまったら，相手がまったく守ろうとしません。そのために，調停が終わって2か月も経つのに，1回も婚姻費用の分担が守られず，生活費の送金がなされないでいます。そのような場合に婚姻費用の分担を実現するにはどのような方法がありますか。

A

調停で決まった内容が実現されない場合には，家事事件手続法に履行勧告という制度があり，家裁調査官に履行を勧告してもらうという手段があります。履行勧告を使っても婚姻費用の分担が実現できない場合，あるいは，履行勧告も期待できないような場合，強制執行（直接強制）によって婚姻費用の分担を実現することができます。具体的には，相手方の勤務先から支払われる給与や相手方名義の預貯金の払戻請求権などの債権を差し押さえる債権執行手続をとることになります。

☑ キーワード

履行勧告制度，強制執行，直接強制，債権執行手続，予備差押え，情報取得手続，財産開示手続，間接強制

解　説

1 婚姻費用分担の実現方法

調停や審判によって婚姻費用分担を定めたにもかかわらず，その後に相手方がその内容を不満に感じて，婚姻費用の分担の実施（具体的には，生活費の送金など）を拒否する場合があります。そのような場合には，家事事件手続法の中に，履行勧告という制度があります。履行勧告とは，調停や審判で定められた義務につき，権利者の申出があるときは，家庭裁判所は，履行状況の調査及び義務の履行を勧告することができるとされている制度を指しています（家事289条１項）。

この履行勧告は，主として家裁調査官が行っており，まず，履行状況の調査が行われ，義務者に対して，主に電話や手紙で当事者双方から婚姻費用を分担できない事情等を聴取し，婚姻費用の分担を実施できるように調整します。このような履行勧告によって婚姻費用の分担を実施できないときには，強制執行手続に進むことになります。

2　婚姻費用の分担の強制執行

婚姻費用の分担の強制執行については，金銭的な請求ですから，債務者の財産を差し押さえて債権回収を図ればよいこととなり，直接強制が妥当します。調停が成立した場合には，調停調書の記載は確定判決と同一の効力を有しますから（家事268条１項），これを債務名義として強制執行を申し立てることができます（民執22条７号）。具体的には，相手方の勤務先から支払われる給与や相手方名義の預貯金の払戻請求権などの債権を差し押さえる債権執行手続をとることになります。

なお，令和元（2019）年５月に民事執行法が改正され，債務者以外の第三者からの情報取得手続が新設されました（民執205条～207条）。また，財産開示手続も見直され，申立権者の範囲が拡大されています（民執197条）。さらに，財産開示期日の不出頭等にも刑事罰を科すこととし（民執213条），手続の実効性向上が図られています。

また，婚姻費用の不払に対しては，債務者が，支払能力を欠くためにその金銭債権に係る債務を弁済することができないとき又はその債務を弁済することによってその生活が著しく窮迫するときを除いて，間接強制もできることとされています（民執167条の15第１項）。

3　将来の婚姻費用の予備差押え

執行債権の行使は，原則として確定期限の到来後でないと，執行開始はできないものとされています（民執30条１項）。しかし，婚姻費用分担義務に係る定期金債権であって，その履行期の定めが確定期限によるものを執行債権とする場合には，履行期到来に先立つ予備差押えをなし得るものとされています（民執151条の２第１項２号）。

これについては，少額なのが通常である各回の定期金につき，債権者は期限到来ごとに執行申立てを反復する負担に耐えず，性質上適時の給付が債権者の生計維持に不可欠だからとされています＊1。

注　記

＊1　中野貞一郎＝下村正明『民事執行法』（青林書院，2016年）685頁。

Q 13　婚姻費用分担に関する準拠法

国際結婚が増えて渉外的な法律関係が多くなっていると思いますが，婚姻費用の分担に関しては，どのような法の適用になるのでしょうか。夫婦の国籍がそれぞれ異なっている場合には，どこの国の法律が適用されることになるのでしょうか。

A

法の適用に関する通則法は，26条で，夫婦財産制に関する規律を定めており，①１項では，婚姻の効力に関する同法25条を準用して準拠法の段階的連結を定め，②２項では，署名した日付を記載した書面による準拠法の選択を認めています。これらの準則は，取引の相手方には不明確となることが考えられますから，３項で善意の第三者には対抗できないものとされています。

もっとも婚姻費用分担に関しては，この26条を適用すべきとする説もありますが，婚姻費用の分担は，夫婦間の財産的規律というより，夫婦間の扶養的規律という意味合いのほうが強いのではないかと思いますから，「扶養義務の準拠法に関する法律」を適用すべきだとすると，原則として，婚姻費用分担を請求する権利者の常居住地法が適用されることになります。

☑ キーワード

法の適用に関する通則法，段階的連結，準拠法の選択，扶養義務の準拠法に関する法律

解　説

1　国際的な夫婦財産制の規律

渉外的法律関係から生じる実体法の適用を定めるためには，その判断基準となる法である準拠法を指定することに基づいて規律することとなります。日本における準拠法の指定は，「法の適用に関する通則法」に基づいてなされることになります。

「法の適用に関する通則法」は，（夫婦財産制）として，26条１項で，「前条の規定は，夫婦財産制について準用する。」と定めており，前条の（婚姻の効力）25条は，「婚姻の効力は，夫婦の本国法が同一であるときはその法により，その法がない場合において夫婦の常居所地法が同一であるときはその法により，そのいずれの法もないときは夫婦に最も密接な関係がある地の法による。」と定め，段階的連結によって準拠法を定めることとしています。

また26条２項では，一定範囲で当事者が準拠法を選択することを認め，次のように定めています。

「前項の規定にかかわらず，夫婦が，その署名した書面で日付を記載したものにより，次に掲げる法のうちいずれの法によるべきかを定めたときは，夫婦財産制は，その法による。この場合において，その定めは，将来に向かってのみその効力を生ずる。

一　夫婦の一方が国籍を有する国の法

二　夫婦の一方の常居所地法

三　不動産に関する夫婦財産制については，その不動産の所在地法」

さらに26条３項では，「前２項の規定により外国法を適用すべき夫婦財産制は，日本においてされた法律行為及び日本に在る財産については，善意の第三者に対抗することができない。この場合において，その第三者との関係については，夫婦財産制は，日本法による。」と定めて取引の安全にも配慮しています。

そして，26条４項では，「前項の規定にかかわらず，第１項又は第２項の規定により適用すべき外国法に基づいてされた夫婦財産契約は，日本においてこれを登記したときは，第三者に対抗することができる。」と定めています。

2　婚姻費用分担に関する規律

法の適用に関する通則法は，夫婦財産制としていますが，婚姻費用の分担については夫婦財産制の一部ですから，婚姻費用の分担に関しては「法の適用に関する通則法」26条が適用されることになりそうです。しかし，婚姻費用の分担は，夫婦間の財産的規律というより，夫婦間の扶養的規律という意味合いのほうが強いのではないかと思います。そうだとすれば，法の適用に関する通則法26条を適用するのではなく，「扶養義務の準拠法に関する法律」を適用すべきだろうと思います。

扶養義務の準拠法に関する法律では，２条１項で，「扶養義務は，扶養権利者の常居所地法によって定める。ただし，扶養権利者の常居所地法によればその者が扶養義務者から扶養を受けることができないときは，当事者の共通本国法によって定める。」と定めています。

また同条２項では，「前項の規定により適用すべき法によれば扶養権利者が扶養義務者から扶養を受けることができないときは，扶養義務は，日本法によって定める。」と定めています。

したがって，婚姻費用の分担については，「扶養義務の準拠法に関する法律」を適用すべきだとすれば，原則として，婚姻費用分担を請求する権利者の常居住地法が適用されることになります。

Q 14 婚姻費用分担に関する紛争の管轄

別居時に婚姻費用の分担を決めなかったので，改めて婚姻費用の分担について定めたいと思っているのですが，別居した夫は他府県に移転してしまいました。婚姻費用の分担を定めるためには，どこの裁判所に申し立てればいいのでしょうか。

A

婚姻費用分担の調停は，相手方である夫の住所地を管轄する家庭裁判所か合意で定めた家裁に申し立てなければなりません。ただし，婚姻費用分担の審判は，夫又は妻の住所地を管轄する家裁に申し立てることができます。なお，調停が不成立によって終了し，自動的に審判に移行する場合には，自庁処理によって調停を申し立てた家裁が管轄を有するものとして引き続き担当することとされています。

☑ キーワード

調停の管轄，審判の管轄，合意管轄，自庁処理

解　説

1 婚姻費用分担調停の管轄

婚姻費用分担調停は，相手方の住所地を管轄する家庭裁判所又は当事者が合意で定めた家裁の管轄に属するものとされています（家事245条1項）。

相手方の住所地管轄と定めるのは，申立人が相手方のもとに出向いてするものとするのが申立人と手続に関与させられる相手方の公平の理念に合致するという考え方に基づいています。また，合意管轄を認めているのは，家事調停事件は当事者間の協議によって円満な紛争解決を目指す手続であることから，管轄裁判所を当事者が合意で選択できるものとするのが合理的だという考え方に基づいています＊1。

したがって，妻が別居している夫に対して婚姻費用分担調停を申し立てる場合には，夫の住所地を管轄する家庭裁判所又は妻と夫が合意して定めた家裁に調停を申し立てなければなりません。

2　婚姻費用分担審判の管轄

婚姻費用分担審判について，調停を申し立てずに，いきなり婚姻費用分担審判を申し立てる場合には，夫又は妻の住所地を管轄する家庭裁判所（家事150条３号）又は当事者が合意で定めた家庭裁判所（家事66条１項）の管轄に属するものとされています。

夫の住所地に加えて，妻の住所地も管轄と定めているのは，相手方の住所地のみを管轄とした場合には，経済的に余裕のない妻が遠隔地で別居する夫に対し婚姻費用の分担に関する処分の申立てをすること自体を躊躇することも考えられるなど，当事者間の公平に反することが生ずることも考えられるからであるとされています＊2。

婚姻費用分担調停が不成立となって審判に自動的に移行する場合には，以前の家事審判法の下では，婚姻費用分担審判について管轄を有するか否かに関わりなく，調停事件を取り扱った家裁が移行を受けるとするのが通説であり実務であるとされていました。家事事件手続法の下でも同様に考えるべきだとされていますが，家事事件手続法272条４項によって当然に管轄を有するのではなく，自庁処理（家事９条１項ただし書）によって管轄を有することとなるとの理解が一般的となっているようです＊3。

■注　記■

＊１　金子修編著『逐条解説・家事事件手続法』（商事法務，2013年）738頁。

＊２　金子編著・前掲（＊１）488頁。

＊３　金子編著・前掲（＊１）817頁以下。

Q 15　婚姻費用分担に関する紛争の国際的な管轄

国際的な結婚をし，少し夫婦関係を調整するために別居したのですが，婚姻費用の分担についてルールをきちんと定めたいと思っています。どこの裁判所で取り扱ってもらえるのでしょうか。

A

婚姻費用分担に関する国際的な管轄は，調停の場合と審判の場合とで規律が異なっています。平成30年の家事事件手続法改正によって，新たに３条の10，３条の13という条文が設けられましたので，それらの規律によって管轄裁判所が決まることになります。婚姻費用分担審判については，扶養権利者である妻の住所が日本国内にあるときは，日本の裁判所に婚姻費用分担審判を申し立てることができます。

☑ キーワード

国際的な管轄，調停の管轄，審判の管轄

解　説

1　婚姻費用分担調停の国際的な管轄

家事調停事件の国際的な管轄は，①当該調停を求める事項についての訴訟事件又は家事審判事件について日本の裁判所が管轄権を有するとき，②相手方の住所（住所がない場合又は住所が知れない場合には，居所）が日本国内にあるとき，

③当事者が日本の裁判所に家事調停の申立てをすることができる旨の合意をしたとき，には，日本の裁判所が管轄権を有するものとされています（家事3条の13第1項1号～3号）。

①については，家事調停で合意に至らないときには最終的に訴訟や審判によって解決されることになりますし，また，訴訟事件や審判事件の開始後に話合いによる解決が見込まれる場合には調停に付することも想定されますから，訴訟事件や審判事件の管轄と一致するのが望ましいとされたことによります。②については，国内紛争の管轄と同様に，申立人と手続に関与させられる相手方の公平の理念に合致するという考え方に基づいています。③の合意管轄を認めているのも，国内紛争の管轄と同様に，家事調停事件は当事者間の協議によって円満な紛争解決を目指す手続であることから，管轄裁判所を当事者が合意で選択できるものとするのが合理的だという考え方に基づいています＊1。

2　婚姻費用分担審判の国際的な管轄

婚姻費用の分担に関する審判事件については，夫婦，親子その他の親族関係から生ずる扶養の義務に関する審判事件の一つとして，家事事件手続法3条の10が適用されます。

婚姻費用分担審判の国際的な管轄について，家事事件手続法3条の10は，「裁判所は，夫婦，親子その他の親族関係から生ずる扶養の義務に関する審判事件（別表第一の84の項及び85の項並びに別表第二の1の項から3の項まで，9の項及び10の項の事項についての審判事件（同表の3の項の事項についての審判事件にあっては，子の監護に要する費用の分担に関する処分の審判事件に限る。）をいう。）について，扶養義務者（別表第一の84の項の事項についての審判事件にあっては，扶養義務者となるべき者）であって申立人でないもの又は扶養権利者（子の監護に要する費用の分担に関する処分の審判事件にあっては，子の監護者又は子）の住所（住所がない場合又は住所が知れない場合には，居所）が日本国内にあるときは，管轄権を有する。」と定めています。

つまり，申立人以外の扶養義務者又は扶養権利者の住所（住所がない場合又は住所が知れない場合には居所）が日本国内にあるときは，日本の裁判所が管轄を有するものとされています。したがって，扶養権利者である妻の住所が日本国内にあるときは，日本の裁判所に婚姻費用分担審判を申し立てることができます。

注　記

＊１　内野宗揮編著『一問一答・平成30年人事訴訟法・家事事件手続法等改正』（商事法務，2019年）149頁。

第 2 章

養育費

Q 16 養育費と婚姻費用との関係

子どもに対して親は養育費を負担する義務があると思いますが，夫婦間の婚姻費用分担義務と養育費負担義務の関係はどのように考えればいいのでしょうか。

A

婚姻費用には，子どもの養育費も含まれており，子どもの養育費以外の夫婦共同生活に必要な諸費用を含んでいます。したがって，養育費は，婚姻費用の一部ということになります。夫婦間の扶助義務と婚姻費用分担義務の関係については，夫婦間の扶助義務は夫婦間の生活保持義務を示しており，婚姻費用分担義務はそれに必要な費用の負担者を定めたものとされ，直系血族間の扶養義務と養育費支払義務の関係についても，同様に，未成熟の子に対する扶養義務は生活保持義務であることを示したものであり，養育費支払義務はその負担者を定めたものと解されます。

☑ キーワード

扶助義務，生活保持義務，扶養義務，養育費支払義務

解　説

1 養育費と婚姻費用

婚姻費用とは，夫婦及び未成熟の子を含む婚姻共同生活を営むために必要な

一切の生計費を指しており，衣食住の費用・交際費・教養娯楽費・医療費・老後の準備費・子の出産費・子の養育費・子の教育費などが含まれるとされています。

したがって，養育費は，子どもに関する婚姻費用であって，婚姻費用の一部になっており，婚姻費用は夫婦共同生活に関する諸費用を広く含んでいます。

2 扶養義務と婚姻費用

一方で，夫婦間の扶養義務については，民法752条で夫婦間の同居・協力・扶助義務が規定されており，この扶助義務と婚姻費用分担義務は同質のものと考えられています。他方で，子どもに対する扶養義務については，民法877条で直系血族間の扶養義務が規定されており，これらの義務と婚姻費用分担義務（養育費支払義務）との関係が問題となります。

夫婦間の扶助義務と婚姻費用分担義務の関係については，通説は，夫婦間の扶助義務は，夫婦共同生活の本質として夫婦間の生活保持義務を示したものであり，婚姻費用分担義務は，それに必要な費用の負担者を定めたものであって，本質的には同じであるとされています＊1。そうだとすれば，直系血族間の扶養義務と養育費支払義務の関係についても，同様に，直系血族間の扶養義務のうち未成熟の子に対する扶養義務は生活保持義務であることを示したものであり，養育費支払義務については，その負担者を定めたものであって，本質的には同じであると解することになると思われます。

■注　記■

＊1　二宮周平編『新注釈民法⒄親族⑴』（有斐閣，2017年）200頁〔神谷遊〕。

Q 17 養育費請求の本質

私と夫は，離婚協議中ですが，子どもが１人おり，子どもの今後の養育費について，どのように定めておけばよいか悩んでいます。子どもが父親である夫に養育費を請求する法的な根拠はどのようなものなのでしょうか。

A

婚姻中の両親の養育費支払義務に関する根拠は，民法760条に基づく婚姻費用の分担を根拠とするのが多数説及び実務の大勢です。しかし，離婚後の養育費請求権の法的本質は，民法877条１項に基づく扶養請求権なのではないかと考えられます。

☑ キーワード

扶養請求権，子どもの主体性，利益相反関係

解　説

1 養育費請求の根拠

婚姻中の両親の養育費支払義務に関する根拠は，民法760条に基づく婚姻費用の分担を根拠とするのが多数説及び実務の大勢です。ただし，婚姻中であっても養育費については，民法877条１項を根拠とすべきだとする学説もあります。これは主に子を扶養請求権の主体とする法理を根拠としているように思われます。

確かに，婚姻別居中の養育費請求を考えれば，子どもの主体性の尊重という点は傾聴すべきでありますが，権利主張者が未成熟の子どもであり，親権者が代理するしか養育費の請求方法はない場合が多いでしょう。また，父母の婚姻中の請求であるため，両説の手続上はさしたる差異はないともいえます。逆に，子どもが主体となって扶養を請求するには，利益相反関係のない親権者と特別代理人とが共同して子のための代理行為をなすべきものとされており，後の説によれば，手続はより煩雑なものとなって，余分なコストがかかってしまうことにもなりかねません。そうだとすると，婚姻別居中の養育費請求権について，民法877条１項を根拠とする実益はあまりないと思われます。

2 養育費請求権の本質

離婚後の養育費支払義務に関する根拠は，平成23（2011）年の民法等の一部を改正する法律によって，民法766条１項に「子の監護に要する費用の分担」という法文が加えられたため，民法766条１項を根拠として請求できることが明確にされました。もっとも，民法766条１項は離婚時に養育費分担の協議が行われた場合の請求権を表しているのであって，離婚後の養育費請求権の法的本質は，やはり民法877条１項に基づく扶養請求権なのではないかと考えられます。

ただし，嫡出でない子が父母に対して養育費を請求する場合には，これらの婚姻中あるいは離婚後に関する法的根拠はそのままには妥当しません。なぜなら，嫡出でない子が父母に対して養育費を請求するには，民法788条が民法766条を準用しているため，認知時には養育費の分担請求をなし得ることとなりますが，そうでない場合には，民法877条１項を直接の根拠として扶養料を請求することとならざるを得ないからです。

Q 18 養育費の決定

子どもの養育費額を決定するには，どうすればいいのでしょうか。

A

子どもの養育費は，父母が協議して決定します。父母が協議して決定できない場合には，離婚調停の場でさらに話し合うことができますし，裁判離婚においては，判決で離婚の附帯処分として子どもの養育費を決定することができます。子どもをもうけた責任は両親にあるのですから，離婚する場合には，子どものために両親が冷静になって養育費を決める責任があります。

☑ キーワード

父母の協議，裁判離婚の附帯処分，離婚届と養育費分担

解　説

1 養育費の決定

離婚するにあたって，子どもの養育費を決定するには，まずは，父母が協議して決定することになります。養育費を決めるにあたっては，特別な決まりがあるわけではありませんから，今後子どもにとって必要であると思われる金額を父母が話し合って決めるべきです。次に，父母が協議して決定できない場合には，離婚調停の場でさらに話し合うことができますし，裁判離婚においては，

判決で離婚の附帯処分として子どもの養育費を決定することができます。

夫婦間の紛争が著しくなって離婚を優先する考え方が強くなってしまうと，子どもの養育費に関する冷静な話合いを欠いたまま，離婚だけが父母間で決められることがありますが，それは子どもにとって好ましいことではありません。子どもをもうけた責任は両親にあるのですから，離婚する場合には，子どものために両親が冷静になって養育費を決める責任があると思います。

2　養育費の分担に関する最近の法改正

平成23（2011）年の民法等の一部を改正する法律によって，民法766条１項が改正され，「父母が協議上の離婚をするときは，子の監護をすべき者，父又は母と子との面会及びその他の交流，子の監護に要する費用の分担その他の子の監護について必要な事項は，その協議で定める。」として，離婚に際して養育費分担等につき協議で定めることが明記されるに至りました。これは必ず養育費の分担を定めなければならないという規定ではありませんが，離婚に際してその後の子どもの養育等に関する配慮の機会が少ないわが国において，離婚夫婦に養育費の分担を定めておくべきことを注意喚起することが可能になったと評価することができます。

もっとも，新しい離婚届の書式では，民法766条１項の改正の趣旨について，離婚届用紙の右下欄の囲み部分として，「未成年の子がいる場合は，次の□のあてはまるものにしるしをつけてください。」との指示により，「（面会交流）□取決めをしている。　□まだ決めていない。」「（養育費の分担）　□取決めをしている。　□まだ決めていない。」というチェック欄が設けられ，その注意書きとして，「未成年の子がいる場合に父母が離婚をするときは，面会交流や養育費の分担など子の監護に必要な事項についても父母の協議で定めることとされています。この場合には，子の利益を最も優先して考えなければならないこととされています。」という記載が付されているだけです。

確かに，この部分に養育費の具体的な分担額などが確定的に記載されたとしても，それが直ちに法的効力をもつわけではありません。そのような具体的な記載は，当事者間の合意を推認させるものとして重要な証拠となるとしても，必ずしも当該合意が適切になされたという保障もないといわざるを得ません。しかしながら，養育費の分担について離婚夫婦に対する注意喚起機能を重視するのであれば，チェック欄だけでなく，少なくとも具体的なルールの記載欄は設けておかないと機能がそがれることとなってしまうと思います。

離婚届には，人口動態調査に用いる旨の記載があり，そのような機能も重要なのですが，そもそも離婚届の記載欄には人口動態調査の点から見てもあまり重要ともいえない記載事項（同居の期間，別居する前の世帯の主な仕事など）が残存しているのですから，記載事項を整理して，離婚後の具体的なルールを記載することができるように書式を改正すべきなのではないかと思います。

Q 19　養育費額の決定基準

子どもの養育費額を決定するのは，どのような考え方に基づいているのでしょうか。その決定基準は，昔から一貫した決定基準になっているのでしょうか。

A

養育費額の決定基準については，従来は，労研消費単位按分方式や生活保護基準比率按分方式などが用いられていました。しかし，養育費分担事件の迅速な解決を目的として，平成15（2003）年４月に養育費の養育費・婚姻費用算定表（簡易算定表）が公表され，現在の実務は，簡易算定表によって養育費額を決定することが多くなっています。なお，養育費の簡易算定表は，令和元（2019）年12月，基本的な考え方は維持したまま，改訂されました。

☑ キーワード

扶養可能性，基礎収入，簡易算定表

解　説

1　養育費額の決定基準

養育費額の決定基準としては，子どもに対する扶養義務の履行に該当するのですから，子どもの扶養必要性に対応する親の扶養可能性が基準となるはずです。しかも，未成熟の子どもに対する扶養義務は，生活保持義務という重い義務と解されてきましたから，子どもの扶養必要性に関しては厳密に考える必要はなく，親の扶養可能性を考慮して子どもの養育費額を決定することになっていました。

そうすると，両親の総収入から公租公課や特別経費などを控除した基礎収入額について，分担し合うという決定基準を考えるのが望ましいということになると思います。後述する簡易算定表の基本的な考え方もそのようなものです。

2　養育費の決定方式

養育費の決定，正確には，養育費分担の決定については，従来は，労研消費単位按分方式や生活保護基準実額比率按分方式などが用いられていました（Q８を参照）。労研消費単位按分方式を用いた家事審判例としては，神戸家審平元・11・14（家月42巻３号94頁）などがあり，生活保護基準実額比率按分方式を用いた家事審判例としては，山口家審平４・12・16（家月46巻４号60頁）などがあります。それらの審判例で用いられた計算式は，次のようなものでした。

①　労研消費単位按分方式

父母の各基礎収入　　　　＝総収入－（非消費支出＋恒常的特別経費）…①
子の必要生活費　　　　　＝①×（子の総合消費単位の合計÷父側で子が生活した場合の総合消費単位の合計）…②
父の負担すべき子の養育費＝②×｛父の基礎収入÷（父の基礎収入＋母の基礎収入)｝

②　生活保護基準実額比率按分方式

父母の各基礎収入　　　　＝総収入－（非消費支出＋恒常的特別経費）…①
父母子らの各最低生活費　＝生活保護基準の「地域の級地区分」に従った「居宅第１類基準額」＋「居宅第２類基準額」…②
父側で子が生活した場合の

子の生活費　　　　　　　＝父の基礎収入×｛子の居宅第１類基準額の合計額＋（父子の世帯とした場合の居宅第２類基準額－父のみの場合の居宅第２類基準額）｝÷（父の居宅第１類基準額＋子の居宅第１類基準額の合計額＋父子の世帯とした場合の居宅第２類基準額）…③
父母の余力　　　　　　　＝①－②
父の負担すべき子の養育費＝③×父の余力÷（父の余力＋母の余力）

3　養育費の簡易算定表

養育費分担事件の迅速な解決を目的として，平成15（2003）年４月に東京・大阪の家庭裁判所の裁判官による共同研究の結果，養育費の簡易算定表が公表されました（以下「旧簡易算定表」といいます）。子どもの養育費は，離婚直後から不可欠な費用であって，これが支払われないと，子どもの生命や人格の尊厳を維持できなくなってしまいます。それにもかかわらず，分担額について協議がまとまらなければ，子どもの生活に支障を来してしまいます。そこで，このような簡易な算定表に従って迅速に養育費の具体的な金額を算出できるようにしたわけです。

旧簡易算定表については，令和元（2019）年12月，基本的な考え方は維持したまま，改訂された新簡易算定表が公表されました（詳しくは，**Q21** を参照）。

Q 20 養育費分担の始期と終期

子どもの養育費の分担は，いつからいつまでの期間で義務づけられるのでしょうか。成年年齢が18歳に引き下げられるようですが，そうなった場合には，子どもの養育費の分担は，子どもが18歳になるまでということになるのでしょうか。

A

養育費分担義務は子どもに対する具体的扶養義務にほかなりませんが，権利者の利益と義務者の負担を調整する考え方として，最近の審判例では，養育費分担の始期については，請求時あるいは調停申立て時に遡って請求できるとするものが多くなっています。養育費分担の終期については，一般論としては，子どもの扶養必要性が解消された時になります。子どもが成年年齢に達したからといって，直ちに養育費分担義務がなくなると考えるべきではありません。したがって，成年年齢が18歳に引き下げられた後は，養育費分担の定めの終期は，「子が20歳に達するまで」と改めるべきだろうと思います。

☑ キーワード

養育費分担の終期，成年年齢引下げ

解　説

1 養育費分担の始期

養育費分担の始期については，養育費分担の合意時点から将来に向かって請求できるのは当然ですから，過去に遡って請求できるかが問題となります。養育費は，婚姻費用の一部をなしていますから（Q16を参照），基本的には，婚姻費用をいつまで遡って請求できるかという考え方（Q６を参照）と同じ考え方になります。

養育費分担義務は子どもに対する具体的扶養義務にほかなりませんから，将来に向かって審判で形成されるだけだと解すれば，過去に遡ることはできないことになってしまいますが，そうすると，扶養義務者が義務の履行を遅滞すればするほど有利になってしまい，妥当ではありません。しかしそうだからといって，何らの具体的な請求や申立てがなされなくても，後日まとめて巨額の請求もできる（消滅時効を援用し得る場合は別として）ということになってしまうと，それはそれで扶養義務者に酷な事態となってしまいます。

したがって，最判昭40・６・30（民集19巻４号1114頁）が過去の婚姻費用も請求できるとしていることを前提に，権利者の利益と義務者の負担を調整する考え方として，最近の審判例では，請求時あるいは調停申立時に遡って請求できるとするものが多くなっています。

2　養育費分担の終期

養育費分担の終期は，具体的扶養義務の終了時点になりますから，子どもの扶養必要性が解消された時になります。子どもの扶養必要性の解消は，成年年齢に達した時とは限りません。例えば，病気で入院していたり，精神的な障がいがあって自立生活が困難であったりすると，子どもの扶養必要性は子どもが成人になったからといって消滅するものではありません。

したがって，子どもが成年年齢に達したからといって，直ちに養育費分担義務がなくなると考えるべきではありません。ただし，子どもが大学を卒業した時などと終期を決めてしまうと，子どもが大学を卒業しなければ終期を操作できることになってしまいますから，近年の一般的な調停や審判では，「子が成年年齢に達するまで」と定めることが多くなっていました。

ところが，令和４（2022）年４月１日から成年年齢が20歳から18歳に引き下げられることになります。そうすると，養育費分担の終期は，今までのような文言のままだと，18歳になってしまいます。しかし，子どもが18歳になったからといって，扶養必要性がなくなってしまうわけではありませんから，成年年齢の引下げにあたっては，今後の調停や審判における養育費分担の終期について新しい文言を考えなければならないと思います。

新しい文言については，「子が20歳に達するまで」と改めるのでいいのではないかと思います。養育費の新簡易算定表を提案した平成30年度の司法研究（その内容については，Q22を参照）においても，今までの「成年」の意義は「基本的に20歳と解するのが相当である。」とし，「未成熟子を脱するのは20歳となる時点とされ，その時点が養育費の支払義務の終期と判断されることになると考える。」とされています＊1。

養育費の支払義務を扶養義務の具体化と考える限り，子どもが成年年齢とされる18歳に達したからといって，親の養育費支払義務が直ちに否定されるものではありません。多くの国民が大学に進学することをも前提にすれば，子どもにとっての大学在学中の扶養必要性は基本的に肯定し得るのではないかと思われます。成年年齢の引下げが，離婚を引き金とする貧困を引き起こすようなことになってはならないはずです。したがって，養育費分担の実務では，その点に注意して文言を決定していくことが不可欠になります。

注　記

＊1　「平成30年度司法研究（養育費，婚姻費用の算定に関する実証的研究）」概要7（https://www.courts.go.jp/vc-files/courts/file4/gaiyou_592KB.pdf）。

Q 21 養育費の簡易算定表

養育費の簡易算定表が最近改訂されたと聞きましたが，従来の簡易算定表と新しい簡易算定表はどこが違うのでしょうか。

A

旧簡易算定表は，標準的な養育費を簡易迅速に算定することを目的として作成されました。新しい簡易算定表も考え方の基本は同じですが，統計資料・制度等について最新のものに更新し，基礎収入について次の諸点の考え方を取り入れたとされています。①公租公課は，旧標準算定方式・旧簡易算定表と同様に理論値で算出する，②職業費は，旧標準算定方式・旧簡易算定表と同様の７項目を控除対象とし，「被服及び履物」「通信」「書籍・他の印刷物」のみ世帯人員で除し，有業人員で乗じた金額を職業費として計上し，その他の費目についてはその全額を職業費として計上する，③特別経費は，旧標準算定方式・旧簡易算定表と同様に住居間経費，保健医療及び保険掛金を特別経費として総収入から控除するものとしています。その結果，全体的な養育費額は若干増加するものと思われます。

☑ キーワード

簡易算定表，基礎収入，生活費指数

解　説

1　養育費の旧簡易算定表の考え方

養育費の旧簡易算定表における計算式は次のようなものでした。

①基礎収入　＝総収入×0.34〜0.42（給与所得者の場合）
　　　　　　総収入×0.47〜0.52（自営業者の場合）
②子の生活費＝①×55or90（子の指数：15歳未満＝55，15歳以上＝90）÷｛100＋55or90（義務者の指数＋子の指数）｝
③義務者が分担すべき養育費の額＝②×｛義務者の基礎収入÷（義務者の基礎収入＋権利者の基礎収入）｝

旧簡易算定表には，「この算定表は，あくまで標準的な養育費及び婚姻費用を簡易迅速に算定することを目的としています。最終的な金額については，いろいろな事情を考慮して当事者の合意で自由に決めることができます。しかし，いろいろな事情といっても，通常の範囲のものは標準化するに当たって算定表の金額の幅の中で既に考慮されていますので，この幅を超えるような金額の算定を要するのは，算定表によることが著しく不公平となるような，特別な事情がある場合に限られています。」との説明が付されています。後述する新簡易算定表でも，同様な趣旨が述べられています。

養育費の分担額を定めるにあたっては，それぞれの世帯における考え方を反映して個別具体的な過去の拠出金額を算定するのが妥当と思われますが，しかしそれでは容易に金額を算出することができず，審理に相当な時間を要してしまいます。したがって，このような算定表が簡易迅速に平等な解決を導き出すことに役立っていることを否定すべきではないだろうと思います。

ただし，親子関係は，個別具体的な関係性からの考慮をまったく排除していいものでもないのですから，あまり硬直的に養育費の簡易算定表を用いるべきではないとも思われます。そのような算定表の功罪について，「算定表によることが著しく不公平となるような特別事情」の有無で区別すべきかどうかについては，かなり厳しい運用が想定されるのであって，もう少し柔軟に考えてみてもいいのではないかと思われます。

０～14歳の子ども１人の場合の養育費の旧簡易算定表は，■資料４（巻末掲載）＊1のようなもの，15歳以上の子ども１人の場合の養育費の旧簡易算定表は，■資料５（巻末掲載）＊2のようなものが示されていました。

2　養育費の新簡易算定表の考え方

令和元（2019）年12月，養育費に関する簡易算定表が改訂され，従来からの家庭裁判所において養育費又は婚姻費用の算定をする際に活用されている資料（標準的な養育費・婚姻費用の額を簡易迅速に算定するための標準算定方式・算定表）の考え方を踏襲しつつ，基礎となる統計資料を更新するなどした標準算定方式・算定表（以下「新標準算定方式」「新簡易算定表」といいます）として提案されました＊3。

Ｑ８で解説したように，新標準算定方式では，従来からの収入按分型（生活保護基準実額比率按分方式）を維持しつつ，統計資料・制度等について最新のものに更新し，基礎収入について以下のような考え方を示しています。①公租公課は，旧標準算定方式・旧簡易算定表と同様に理論値で算出する，②職業費は，旧標準算定方式・旧簡易算定表と同様の７項目を控除対象とし，「被服及び履物」「通信」「書籍・他の印刷物」のみ世帯人員で除し，有業人員で乗じた金額を職業費として計上し，その他の費目についてはその全額を職業費として計上する，③特別経費は，旧標準算定方式・旧簡易算定表と同様に住居関経費，保健医療及び保険掛金を特別経費として総収入から控除するものとしています。この方式によれば，給与所得者の総収入に占める基礎収入割合は，おおむね54～38％となるようです。なお，自営業者の基礎収入も，おおむね61～48％になるものとされています。

生活費指数については，子どもの年齢区分は，旧標準算定方式・旧簡易算定表と同様に２区分とし，成年年齢が令和４（2022）年４月から18歳に引き下げられますが，子どもが18歳に達したことが直ちに婚姻費用の減額事由には該当しないことを前提に，区分期間は０～14歳，15歳以上とされました。生活費指数算出にあたって用いる統計は，高校無償化の影響を受けている平成25年度を除く，直近の４年分のものとしています。生活費指数の算出方法は，旧標準算定方式・旧簡易算定表と同様とし，世帯区分は考慮しないものとしています。

その結果，生活費指数は，０～14歳が「62」，15歳以上が「85」となるものとされています。旧簡易算定表における生活費指数は，親の指数を「100」とした場合，年齢０歳から14歳までの子の指数は「55」，15歳から19歳までの子の指数は「90」として計算することにしていました。ここだけ見ると，15歳以上の養育費額が減少するようにも思えますが，基礎収入割合を増加させていることから，15歳以上の子の養育費額も若干の増加になると思われます。新簡易算定表における計算式は次のようになります。

①基礎収入　＝総収入×0.38～0.54（給与所得者の場合）
　　　　　　　総収入×0.48～0.61（自営業者の場合）
②子の生活費＝①×62or85（子の指数：15歳未満＝62，15歳以上＝85）÷｛100＋62or85（義務者の指数＋子の指数)｝
③義務者が分担すべき養育費の額＝②×｛義務者の基礎収入÷(義務者の基礎収入＋権利者の基礎収入)｝

０～14歳の子ども１人の場合の養育費の新簡易算定表は，■資料６（巻末掲載)＊４のようなもの，15歳以上の子ども１人の場合の養育費の新簡易算定表は，■資料７（巻末掲載)＊５のようなものが示されています。

■注　記■

＊１「表２　養育費・子１人表（子15～19歳)」裁判所「養育費・婚姻費用算定表」(https://www.courts.go.jp/tokyo-f/vc-files/tokyo-f/file/santeihyo.pdf)。

＊２　詳しい内容については，司法研修所編『養育費，婚姻費用の算定に関する実証的研究』(法曹会，2020年）を参照。

＊３「表１　養育費・子１人表（子０～14歳)」裁判所「養育費・婚姻費用算定表」(https://www.courts.go.jp/tokyo-f/vc-files/tokyo-f/file/santeihyo.pdf)。

＊4 「養育費・子１人表（子０～14歳）」(https://www.courts.go.jp/vc-files/courts/file5/youiku-1.pdf) 裁判所「養育費・婚姻費用算定表（改定標準算定表〔令和元年版〕)」令和元年12月23日公表（https://www.courts.go.jp/toukei_siryou/siryo/H30shihou_houkoku/index.html)。

＊5 「表２　養育費・子１人表（子15歳以上)」(https://www.courts.go.jp/vc-files/courts/file5/youiku-2.pdf) 裁判所「養育費・婚姻費用算定表（改定標準算定表〔令和元年版〕)」令和元年12月23日公表（https://www.courts.go.jp/toukei_siryou/siryo/H30shihou_houkoku/index.html)。

Q22 養育費の簡易算定表に対する批判

養育費の簡易算定表では，柔軟な判断がなされず，かえって不合理な結果になる場合があると聞きました。新しい簡易算定表が公表されたそうですが，そのような問題点は解消したのでしょうか。

A

もともと養育費・婚姻費用算定表（簡易算定表）は，簡易迅速に養育費を算定することを考えて作成されています。したがって，新しい簡易算定表もその点に関する考え方は変えていません。ただし，日弁連などの批判に応えて，日弁連が指摘してきた不合理な点を解消して，養育費額が若干増額されるように改訂されたと評価してよいと思います。

☑ キーワード

旧簡易算定表，日弁連による批判，新簡易算定表

解　説

1 養育費の旧簡易算定表に対する批判

養育費の算定については，平成15（2003）年４月に公表された簡易算定表（以下「旧簡易算定表」といいます）が実務上定着しており，近年の養育費算定の審判例では，旧簡易算定表を使用する場合が極めて多くなっていました。また，事情変更に基づく変更審判においても，旧簡易算定表が使用されることが極め

て多くなっていました。しかし，旧簡易算定表を使用するとしても，そのまま無批判に使用するのは危険ではないかという批判もあります。なぜなら，単に旧簡易算定表を適用するとなると，様々な事情に対する家庭裁判所の判断がおろそかになってしまうおそれがないとはいえないからです。

2　現実の審判例に基づく批判的な計算例

現実の審判例をもとに考えてみましょう。例えば，福岡高決平26・6・30（判タ1410号100頁・家判１号88頁）の事案は，申立人と相手方とが平成10年に婚姻して子Ａ及び子Ｂをもうけましたが，平成20年に子Ａ及び子Ｂ（いずれも未成年者）の親権者をいずれも相手方とし，申立人が相手方に対して，子Ａ及び子Ｂの養育費として，平成20年×月から子Ａ及び子Ｂがそれぞれ満20歳に達する日の属する月まで，１人当たり月額20万円を支払う旨定めて，調停離婚しました。その後，申立人は，平成22年にＤと婚姻し，Ｄの子Ｅ及び子Ｆと養子縁組をしましたが，Ｄとの間に子Ｇが生まれたため，申立人は，現在，Ｄ，Ｅ，Ｆ及びＧと同居して，Ｅ，Ｆ及びＧを監護養育しています。そこで申立人は，相手方との離婚調停における養育費につき，民法880条の事情変更に該当するとして，養育費の減額変更を求めたものです。

このような申立てに対して，福岡高裁は，「抗告人及び相手方は，調停離婚後，それぞれ再婚し（ただし，相手方はその後離婚している。），抗告人は，Ｅ及びＦと養子縁組をし，その後，新たにＧが出生しているが，これらはいずれも調停時には想定されていなかった事情であり，これらによってそれぞれの生活状況は大きく変化し，（中略）抗告人が負担すべき未成年者の養育費の算定結果も相当程度変わっているというのであるから，民法880条にいう『事情に変更を生じたとき』に該当するというべきである。」とし，「未成年者らが抗告人と同居していたと仮定した場合の未成年者らの生活費に充てられる金額を算定すると，抗告人の生活指数を100，Ｅ，Ｆ，Ｇ，未成年者らの生活指数をそれぞれ55として，年間488万8000円となる（計算式：1666万4000円×（55＋55）÷（100＋55＋55＋55＋55＋55））。この金額を，抗告人と相手方の基礎収入額で按分すると，抗告人が未成年者らのために負担すべき費用は年間404万円となり（計算式：488万8000円×1666万4000円÷（1666万4000円＋349万8000円）），１か月では33万7000円（１人当たり16万9000円）となる。」との計算に基づいて，「算定結果のほか，抗告人及び妻D，相手方の職業及び収入額，生活状況，それぞれの未成熟の子らの生育状況等を総合考慮すると，平成25年×月から，未成年者らの１人あたりの養育費月額20万円を月額17万円に変更するのが相当である。」との結論を下しています。

旧簡易算定表は，その基本的枠組みとして，「高収入の親（義務者）と子が同居している状態をいわば仮定し，子の生活費を計算するという考え方」を採用しています。そして，その生活費については，生活保護法３条が保障する最低限度の生活を維持するための費用として，「生活扶助基準」を利用して積算される最低生活費に教育費を加算し，成人との対比において標準指数を定める方式を採用しているとされていました*[1]。

生活扶助の基準生活費は，各人の年齢区分ごとに設定される第一類費（食費・被服費などの個人的経費）と世帯ごとに設定される第二類費（光熱費・家具什器等の世帯共通経費）を合算したものとして算出されます。そうだとすれば，扶養義務者が新たに子をもうけた等の事情変更があった場合，扶養権利者である子の第一類費及び第二類費に変動はないが，扶養義務者の世帯では第一類費及び第二類費の変動を生じていることとなります。

しかし，養育費の旧簡易算定表が「高収入の親（義務者）と子が同居している状態をいわば仮定し，子の生活費を計算するという考え方」を採用している限り，扶養権利者である子の第一類費及び第二類費も扶養義務者の子の第一類費及び第二類費も，同一指数になってしまいます。現実的には，扶養権利者である子は，扶養義務者と別世帯である以上，第二類費を扶養義務者と世帯を同一にする子よりも多く必要とするはずです。一般に，「義務者が再婚相手の連れ子と養子縁組したり，再婚相手との間に子をもうけたりした場合には，これらの子に対する扶養義務が生じるので，義務者は，権利者との間にもうけた子をも含めて，子ら全員を同等に扱わなければならない」とされていますが*[2]，ここで同等に扱うとは，形式的平等ではなく実質的平等を意味すると解すべきではないかと思います。

そうだとすると，子の標準的な生活費の指数は，親を「100」とした場合，

14歳までの子は常に「55」とされているのですが，第二類費の差異を考慮するならば，別居している子の指数を同居している子の指数よりも少し多く算定しなければ実質的に不平等になると思います。具体的な指数を決定するにあたっては厳密な検討が必要になりますが，仮に扶養義務者と同居している子の指数は「45」で足りるものとすると，扶養権利者である子の生活費の計算式は，相手方と按分する前には，義務者の基礎収入×（55＋55）÷（100＋55＋55＋45＋45＋45）と修正されることになります。

上記の福岡高裁の決定では，基礎収入を1666万4000円として，1666万4000円×（55＋55）÷（100＋55＋55＋55＋55＋55）＝488万8000円と計算し，これを相手方の基礎収入額で按分して，１人当たり月額17万円という数値を導いています。しかし，第二類費の差異を考慮した上記仮定に基づく計算をすると，上記の488万8000円が531万3000円となって，これを相手方の基礎収入額で按分すると，１人当たり月額18万3000円という数値が出てくることになります。つまり，当然のことながら，養育費の減額幅が相対的に小さくなるわけです。

これは仮定的な指数による計算ですが，養育費の旧簡易算定表は，再婚後に扶養義務者が新たに子をもうけた等の事情変更などの場合にも，適切な計算式であるといえるのかどうか再検討されなければならなかったのではないかと思います。養育費を請求する子の扶養必要性には，まったく変動を生じていないのであり，扶養義務者の扶養可能性だけが問題として残るだけです。しかるに扶養義務者が再婚し，再婚相手の連れ子との間で養子縁組をしたり，新たに子をもうけたりしたという扶養権利者が関与しない事情をもって減額幅が相当程度大きくなることに対しては，扶養義務者が高額の収入を得ている以上，扶養義務者の扶養可能性が変動したというだけでは正当化し得ないのではないかと思います。そういう意味では，この原審判が事情変更に該当することは認めながらも，減額は相当でないと却下したことにも理由があったのではないかと思われます。

3　日弁連による旧簡易算定表に対する批判

平成28（2016）年11月15日，日弁連は，「養育費・婚姻費用の新しい簡易な算定方式・算定表」を取りまとめて公表しました。そこでの個々の具体的な提案について，必ずしも筆者が理解しているわけではありませんし，筆者の上記の私見とも必ずしも重なり合わない部分があるように見受けられるところですが，そのような対案と突き合わせることによって，旧簡易算定表がブラッシュアップされていくものとして，日弁連の提案は大きな意味をもっていたと思います。以下では，日弁連の提案（「日弁連の新算定方式」「日弁連の新算定表」）について，公表されている限りで紹介することとします＊3。

⑴　日弁連の提案の趣旨

日弁連が新たな簡易算定表を取りまとめた趣旨については，次の２つの点を要点としているとされています。

⒜　給与所得者の基礎収入は総収入の約６～７割

基礎収入は，総収入から「公租公課」や「経費」を控除した可処分所得ですが，日弁連算定方式・日弁連算定表においては，従来「特別経費」とされていた住居関係費等は，生活費として取り扱い，総収入から控除する前記「経費」には含めないものとしています。稼働する者の「経費」である職業費（交通費等）は，世帯の中の稼働する者の支出だけに限定し，稼働しない者が支出する交通費等を含めないものとしています。結果として，日弁連算定方式・日弁連算定表における給与所得者の基礎収入は，総収入の約６～７割となります。

なお，旧算定方式・旧算定表における給与所得者の基礎収入は，約４割です。

⒝　生活費を年齢と世帯人数に即してきめ細かに算定

養育費・婚姻費用は，義務者及び権利者の基礎収入を義務者と子ども（及び権利者）に配分して算出されます。その配分のために指標として用いる生活費指数には，生活保護基準が利用されています。その際，生活保護基準に基づき個人単位で支給される食費や被服費等は，そのまま義務者・権利者又は子どもに分配されたものとして取り扱いますが，日弁連の新算定方式・日弁連の新算定表においては，世帯単位で支給される光熱費や住宅扶助等は，義務者・権利者も子どもも世帯の一員として平等に取り扱い，頭割りで分配してそれぞれの生活費指数を求めます。また，子どもの年齢区分は，日弁連算定方式においては４区分とし，日弁連算定表は利便性を優先して３区分としています。

なお，旧算定方式・旧算定表は，生活保護基準に基づき世帯単位で支給されるものについては，義務者又は権利者の単身世帯を基準とし，子どもを養育する場合に付加される増加分のみが子どもに分配されると取り扱って生活費指数を算出しており，子どもの年齢区分は，２区分です。

⑵ 日弁連の旧簡易算定表に対する批判

日弁連は，過去数回にわたって旧簡易算定表に対する批判を公表してきたところですが，平成24（2012）年３月15日公表の「『養育費・婚姻費用の簡易算定方式・簡易算定表』に対する意見書」では，次のような批判点を掲げていました。

研究会提案は，婚姻費用・養育費算定の「簡易・迅速」及び「予測可能」という，２つの要請に基づき提唱されたものです。しかし，一方で，研究会提案により算定される婚姻費用・養育費が低額であり，生活費に事欠き，生活保護基準以下の場合もあるなど，当事者，弁護士及び研究者等＊4からも疑問，批判の声が上げられていました。研究会提案自体，「算定表は，あくまで標準的な養育費を簡易迅速に算出することを目的とするものであり，最終的な養育の額は，各事案の個別的要素をも考慮して定まるものである」としていますが，実務上は，簡易算定表の幅の中での決定を迫られているという現実があります。

さらに，平成19（2007）年の関東弁護士会連合会シンポジウム「市民に開かれた家庭裁判所をめざして」での東京高等裁判所管内の家事調停委員に対するアンケート調査結果によると，「（簡易）算定表を原則利用している調停委員が67％，事案により利用している調停委員が28％」で，簡易算定表の効果として85％が「算定が便利になった」としていました。しかし，調停委員からも，「算出方法は問題点があるにもかかわらず，（簡易算定）表だけが周知されているため，不公正であっても（簡易）算定表以外では合意しづらくなっている」「住居のことを考えた時，経済的弱者に厳しい。現実に生活できない」「（簡易）算定表は随時見直しが必要である（複数回答）」「正規職についている両親の子は，とくに教育費，被服費に（簡易）算定表より多くかけていることが実態であり，（簡易）算定表を使用すると，逆に義務者の負担を低く抑える結果にもなる」等の問題が指摘されていました。

⑶ 日弁連が指摘する簡易算定表の不合理性

前記の日弁連意見書は，次の７つの点において簡易算定表の不合理性を指摘していました。

① 公租公課の算出における不合理性

② 職業費の算出における不合理性

③ 特別経費算出の不合理性

④ 生活費指数の不合理性

⑤ 算定表化における不合理性

⑥ 公的検証がなされていない

⑦ 生活保護法との関係を検討していない

そして，その上で，「養育費・婚姻費用額の公正な算定は，子どもの成長発達の保障，福祉の増進に不可欠である上に，教育の機会を保障して貧困の連鎖を防止することは，日本の将来を決するほど重要なものといえる。そこで，当連合会は，研究会提案の簡易算定方式・簡易算定表は，子どもの成長発達の保障を満たさないものであることから，早急に，裁判所は，厚生労働省等の養育費等実務関係機関及び当連合会とともに，子どもの成長発達を保障する視点を盛り込んだ，研究会提案に代わる新たな算定方式の研究を行い，その成果を公表することの必要性を強く訴え，意見の趣旨のとおり提言をするものである」と結論づけていたところです。

4　養育費の新簡易算定表の説明

上記のような日弁連の批判を受けて，平成30年度司法研究において養育費・婚姻費用の標準算定方式・算定表の検証がなされ，令和元（2019）年12月，その研究報告がなされて，従来からの家庭裁判所において養育費又は婚姻費用の算定をする際に活用されている資料（標準的な養育費・婚姻費用の額を簡易迅速に算定するための標準算定方式・算定表）の考え方を踏襲しつつ，基礎となる統計資料を更新するなどした標準算定方式・算定表（以下「新標準算定方式」「新簡易算定表」といいます）が提案されました＊5。

Q 8，**Q21** で解説したように，新標準算定方式では，従来からの収入按分型（生活保護基準実額比率按分方式）を維持しつつ，日弁連の批判点に次のように応答しています。①公租公課は，旧標準算定方式・旧簡易算定表と同様に理論値で算出する，②職業費は，旧標準算定方式・旧簡易算定表と同様の７項目を控除対象とし，「被服及び履物」「通信」「書籍・他の印刷物」のみ世帯人員で除し，有業人員で乗じた金額を職業費として計上し，その他の費目についてはその全額を職業費として計上する，③特別経費は，旧標準算定方式・旧簡易算定表と同様に住居関係費・保健医療及び保険掛金を特別経費として総収入から控除するものとしています。この方式によれば，給与所得者の総収入に占める基礎収入割合は，おおむね54～38％となるようです。なお，自営業者の基礎収入も，おおむね61～48％になるものとされています。

生活費指数については，子どもの年齢区分は，旧標準算定方式・旧簡易算定表と同様に２区分とし，成年年齢が令和４（2022）年４月から18歳に引き下げられますが，子どもが18歳に達したことが直ちに婚姻費用の減額事由には該当しないことを前提に，区分期間は０～14歳，15歳以上とされました。生活費指数算出にあたって用いる統計は，高校無償化の影響を受けている平成25年度を除く，直近の４年分のものとしています。生活費指数の算出方法は，旧標準算定方式・旧簡易算定表と同様とし，世帯区分は考慮しないものとしています。その結果，生活費指数は，０～14歳が「62」，15歳以上が「85」となるものとされています。

事情変更については，令和元年の研究報告では，「客観的事情の変更があるなど，既に定めた養育費等を変更すべき場合の養育費等の算定に当たっては，本研究の提案した改定標準算定方式・算定表を用いることが期待される。」と指摘されるにとどまっています。

したがって，全体としてみると，旧簡易算定表の不合理だと指摘されてきた点に対する応答がなされ，日弁連が指摘してきた不合理な点を解消して，養育費額が若干増額されるように改訂されたと評価してよいと思います。

注　記

＊１　東京・大阪養育費等研究会「簡易迅速な養育費等の算定を目指して」判タ1111号285頁以下。

＊２　秋武憲一監修『子の親権・監護の実務』（青林書院，2015年）297頁〔高橋信幸〕。

＊3　詳しくは，日本弁護士連合会両性の平等に関する委員会編『養育費・婚姻費用の新算定表マニュアル』（日本加除出版，2017年）を参照。

＊4　松嶋道夫「養育費のセーフティネットとガイドラインについて―養育保障基準の新しい提案」法時75巻13号304頁，「養育費裁判の現状と改革への課題」久留米大学法学56・57合併号191頁以下，「子どもの養育費の算定基準，養育保障はいかにあるべきか」久留米大学法学64号174頁以下。

＊5　詳しい内容については，司法研修所編『養育費，婚姻費用の算定に関する実証的研究』（法曹会，2020年）を参照。

Q 23 養育費と再婚―実子の誕生（養育費の事情変更１）

子どもの養育費額を決めて離婚したのですが，その後，元夫から電話があり，「再婚して子どもが生まれることになったから，養育費額を減額してほしい。今までの額を支払い続けるとなると，今度生まれてくる子どもには同じ金額を保障してやれないから，不平等になってしまう。」とのことでした。事情は理解できるのですが，私と子どもの生活も，元夫から支払われる養育費でぎりぎりになっています。再婚後に子どもが生まれるとなると，減額もやむを得ないのでしょうか。

A

家事事件においては，いったん協議や審判で決められた内容が事後的な事情の変更によって，実情に合わなくなってくることがあり，養育費についても，事情変更による変更審判をなすことができるものとされています。したがって，再婚後に子どもが生まれるという事情変更も斟酌できることになりますが，事情変更があるからといって，必ず養育費を減額しなければならないというわけではなく，養育費支払義務者に十分な資力があれば，養育費の減額は認められないと思います。ただし，ご質問の内容では，養育費支払義務者である元夫も，それほど経済的に余裕があるわけではなさそうですから，養育費の一定の減額もやむを得ないと考えられます。

☑ キーワード

事情変更の法理，養育費請求権の法的本質，斟酌できる事情の範囲，減額の可否

解　説

1　家事事件における事情変更の法理

家事事件においては，いったん協議や審判で決められた内容が事後的な事情の変更によって，実情に合わなくなってくることがあります。例えば，子どもの養育費を月額10万円と定めたものの，一方で，養育費支払義務者である親が予期せぬ会社の倒産によって給与を受けられなくなり，養育費を支払えなくなってしまったということが起こり得ます。また他方で，養育費の権利者である子どもが難病になってしまい，そのための治療費等の増額の必要性が生じたということも起こり得ます。

そのような場合に，改めて当事者間で協議することはもちろん可能であって，より望ましいことではあります。しかし，当事者だけでの話合いでは再協議することが困難な場合，変更のための家事調停を申し立てることが可能になっています。調停で解決することが困難であるときは，家庭裁判所が協議や審判で決められた内容を変更する旨の審判をすることができることを民法が定めています（民880条）。

一般論としては，このような法制度は必要不可欠ですが，民法の規定は，非常に広く事情変更による変更審判を認めているようにみえます。そのため，協議や審判で決められたことに不満をもつ当事者は，故意に事情変更の事実を作り出して，変更審判を求めるような事態も発生することになります。それは，いわゆる制度の悪用です。近年の母子家庭における貧困は，離婚の際にいったん協議で決めた養育費が約束どおりに支払われていないことに基づくことも多いようです。約束どおりに養育費が支払われなければ，履行勧告制度や強制執行制度に基づいて実現させることもできますが，そうなる前に義務者側が先手を打って制度を悪用し，事情変更による減額変更を求めるようなケースもあります。

そうだとすれば，民法が明文規定をもって事情変更による変更審判を認めている場合，それぞれの変更要件を明確にし，変更の相当性を裁判所が責任をもって判断するのが望ましいと思います。家事事件が非訟事件であることの特質は，変更要件の充足の有無に関する判断にあるのではなく（事実判断として，対象事実は広く捉えたうえで厳密になされるべきです。この点については，Q９を参照。），変更の相当性の判断について裁判所の後見的役割を発揮すべきであるという点（裁量判断として広い事情を斟酌したうえで柔軟になされるべきです）にあると思われます。特に制度の悪用ではないかと考えられる場合には，家庭裁判所が変更の相当性を的確に判断することが求められていると思われます。

2　養育費に関する事情変更

平成23（2011）年の民法等の一部を改正する法律によって，民法766条１項が改正され，「父又は母と子との面会及びその他の交流，子の監護に要する費用の分担その他の子の監護について必要な事項」という文言に改められました。さらに，同項後段には，「この場合においては，子の利益を最も優先して考慮しなければならない。」との文言が追加されました。

そして，民法766条３項で，「家庭裁判所は，必要があると認めるときは，前２項の規定による定めを変更し，その他子の監護について相当な処分を命ずることができる。」と定めています。つまり，離婚時に父母の協議や家裁の審判によって養育費支払義務を定めたとしても，家裁は，「必要があると認めるとき」には，その定めを変更することができるとして，事情変更に基づく養育費支払義務に関する定めの変更を認めているのです。

他方，扶養に関する民法879条は，「扶養の程度又は方法について，当事者間に協議が調わないとき，又は協議をすることができないときは，扶養権利者の需要，扶養義務者の資力その他一切の事情を考慮して，家庭裁判所が，これを定める。」と規定しており，民法880条は，「扶養をすべき者若しくは扶養を受けるべき者の順序又は扶養の程度若しくは方法について協議又は審判があった後事情に変更を生じたときは，家庭裁判所は，その協議又は審判の変更又は取消しをすることができる。」と，特に要件を示すこともなく，事情変更に基づく扶養に関する定めの変更を認めています。

離婚後の子の養育費支払義務の変更については，民法766条３項を適用する限り，「子の利益を最優先」として「必要があると認めるとき」に限られるため，養育費の減額変更は認められないようにもみえます。しかし，民法880条を適用すれば，事情の変更が認められれば，協議や審判で定めた養育費支払義務も変更審判をなし得るのであって，民法880条の方が緩やかな要件を定めているようにもみえます。しかし，離婚後の養育費請求権の法的本質は，やはり民法877条１項に基づく扶養請求権なのではないかと考えられる以上（この点については，Q17を参照），民法766条３項と民法880条は，扶養請求権に関する事情変更の法理を定めていることになりますから，同様な要件を定めているはずであって，解釈上の差異を設けるべきではないと思います。

したがって，民法766条３項において，子の扶養必要性が認められるとしても，親の扶養可能性に関する事情が変更になって親の扶養不可能を生じている以上は，養育費の減額変更審判をなし得ることになります。子の利益を最優先にするとしても，親の利益を考慮してはならないと規定しているわけではないのですから，離婚後の養育費に関しても事情変更に基づく減額請求はなし得ることとなります。

3　養育費の事情変更で斟酌できる事情の範囲

以上のように考えると，事情変更において斟酌できる事情についても，子の利益に関連するあらゆる事情を含むと解されることになります。民法766条３項も民法880条も，広い要件の下に事情変更を斟酌すべきことを定めているのですから，変更審判をなすにあたって考慮できる事情について，厳格な制限を付すべきではないと思われます。

これまでの審判例には，事情変更において斟酌できる事情の範囲を限定することによって，養育費の変更請求を否定したものが多々あります。例えば，福岡高宮崎支決昭56・３・10（家月34巻７号25頁）は，「家庭裁判所が，民法第880条により，扶養関係に関する協議又は審判があった後に，事情の変更があったものとして，その変更又は取消をすることができる場合のいわゆる事情とは，前審判又は協議の際，考慮され，その前提ないし基準とされていた事情を指し，しかも右事情の中には，前審判又は協議の際，既に判明していた事情のみならず，当事者において当然予見し得た事情も含まれるものと解するのが合理的である。したがって，右予見し得た事情が，その後現実化したとしても，原則として，これは事情の変更があったものと解することはできない。」として，「民法第880条にいわゆる事情の変更とは，前審判又は協議により定められた現在の扶養関係をそのまま維持することが当事者のいずれかに対してもはや相当でないと認められる程度に重要性を有すること，即ち重要な事情の変更でなければならないものと解される」と判断しました。

確かに，この事件における申立人の主張は，極めて身勝手なものといい得るものですが，事情変更に基づいて変更審判をなし得る事情の範囲をこの決定のように限定的に解するとなると，それはそれで不当な事態を招きかねないようにも思われます。しかも事情変更によって変更審判をなすための要件として，現在の状態を維持することが相当でないと認められる程度に重要でなければならないと解するのであれば，事情の範囲を限定する必要はないようにも思われます。むしろ，考慮すべき事情の範囲を限定するよりも，申立人の身勝手な主張が到底許容できないものであるというにすぎないのであれば，変更の必要性の要件を充足しているとしても，変更の相当性が認められないという判断をすればいいのではないかと思われます。

そうだとすれば，離婚時の養育費支払義務の基礎となった事情とは異なる事情が生じた場合には，予見可能性や帰責性の有無にかかわらず，広く考慮すべき事情として対象となし得ると解すべきでしょう。したがって，離婚後の再婚や連れ子との養子縁組，収入の減少や資産の減少，物価の変動や収入の増加，需要（主として教育費）の増大などの事情は，いずれも変更審判の考慮対象となると解されます。本設問以下の設問（Q24～Q28）では，それぞれの事情変更の場合にどのような判断が必要になるかを検討していきたいと思います。

4　再婚後の実子の誕生を考慮する審判例

再婚したという事情は，離婚後の事情変更として考慮できますが，事情変更があるからといって，養育費の減額は相当でないと判断した審判例があります。

熊本家審平26・１・24（判タ1410号108頁・家判１号97頁）は，事情変更自体は認めながらも，養育費支払義務者の収入が高額であって同人が努力をすれば，養育費を減額せずに維持することが可能であるとして，努力せずに直ちに減額するのは相当でないと判断しました。事情の変更があったかどうかということと，変更の要件（ここでは相当性）を具備しているかということを明確に区別して論じた点で参考になるものと思われます。

もっとも，そのような判断は，同事件の抗告審である福岡高決平26・６・30（判タ1410号100頁・家判１号88頁）で覆されてしまいました。抗告審の決定では，「抗告人及び相手方は，調停離婚後，それぞれ再婚し（ただし，相手方はその後離婚している。），抗告人は，Ｇ及びＨと養子縁組をし，その後，新たにＩが出生しているが，これらはいずれも調停時には想定されていなかった事情であり，これらによってそれぞれの生活状況は大きく変化し，抗告人が負担すべき未成年者の養育費の算定結果も相当程度変わっているというのであるから，民法880条にいう『事情に変更を生じたとき』に該当するというべきである。そして，（略）の算定結果のほか，抗告人及び妻Ｆ，相手方の職業及び収入額，生活状況，それぞれの未成熟の子らの生育状況等を総合考慮すると，平成25年×月から，未成年者らの一人あたりの養育費月額20万円を月額17万円に変更するのが相当である。」とされました。

抗告審の決定は，旧簡易算定表の計算方式をあてはめて減額請求を認めたものとして参考になるものと思われますが，養育費に関する旧簡易算定表では，再婚後に扶養義務者が新たに子をもうけた等の事情変更があった場合，適切な計算式であるといえるのかどうか自体も検討されなければならないのではないかと思われます。旧簡易算定表は改訂されて，令和元（2019）年12月，旧簡易算定表の基本的な考え方を踏襲した新簡易算定表が公表されましたが（具体的な内容については，Q21を参照），再婚後に子どもが生まれた場合のことは残念ながらあまり触れられていません。

Q 24 養育費と再婚―実子の認知（養育費の事情変更２）

子どもの養育費額を決めて離婚したのですが，その後，元夫は離婚前から交際していた女性と再婚し，その女性との間に生まれていた子どもを認知したようです。そこで元夫から電話があり，「再婚して子どもを認知したから，養育費額を減額してほしい。」とのことでした。しかし，離婚前から交際していた女性との間に子どもが生まれていることは，離婚前からわかっていたのですから，事情変更による養育費の減額というのはおかしいのではないかと思います。それなのに，子どもを認知したというだけで，養育費を減額されてしまうのでしょうか。

A

離婚時に協議によって養育費額を定めたとしても，家庭裁判所は，事情変更に基づいて養育費額を変更する審判をすることができます。しかし，養育費額を決めた時点ですでにわかっていた事情を前提として事情変更による審判を求めることはできないものと解すべきです。そうしないと，事情を隠して離婚を成立させ，直後に事情変更だとして養育費額を減額させるような操作を許容することになってしまうからです。

☑ キーワード

わかっていた事情の斟酌，減額の可否，準正

解　説

1　養育費に関する事情変更

養育費の取決めに関する事情に変更があった場合，改めて当事者間で協議することは可能です。しかし，当事者の話合いでは再協議することが困難な場合，変更のための家事調停を申し立てることが可能です。調停で解決することが困難であるときは，家庭裁判所が協議や審判で決められた内容を変更する旨の審判をすることができることを民法が定めています。

養育費についても，民法766条１項で，「父又は母と子との面会及びその他の交流，子の監護に要する費用の分担その他の子の監護について必要な事項は，その協議で定める。」と定められ，同条３項で，「家庭裁判所は，必要があると認めるときは，前２項の規定による定めを変更し，その他子の監護について相当な処分を命ずることができる。」と定められています。つまり，離婚時に父母の協議や家裁の審判によって養育費支払義務を定めたとしても，家裁は，「必要があると認めるとき」には，その定めを変更することができるとして，事情変更に基づく養育費支払義務に関する定めの変更を認めています。

2　養育費の事情変更で斟酌できる事情の範囲

以上のように考えると，事情変更において斟酌できる事情についても，子の利益に関連するあらゆる事情を含むと解されることになります。民法766条３項も，広い要件の下に事情変更を斟酌すべきことを定めているのですから，変更審判をなすにあたって考慮できる事情について，厳格な制限を付すべきではないと思われます。

しかしながら，離婚前から交際していた女性との間に子どもが生まれていた場合，離婚時点でそのような事情は明確になっているのですから，その後にその子どもを認知したからといって，新しく事情が変更されたわけではありません。離婚時点ではその子どもを認知していなかったとしても，その子どもがいることを前提に養育費額を決めることができたのですから，事情変更があったとはいえません。いくら考慮すべき事情の範囲を限定すべきではないとしても，養育費額を取り決める時点でわかっていた事情まで含めるのは行き過ぎです。なぜなら，わかっている事情を隠して養育費額を多めにしておくことにより，合意形成がしやすいようにして離婚を成立させ，直後に事情変更だとして養育費額を減額させるような操作を許容するのは，正義観念に反するからです。

したがって，離婚前から別の女性との間に子どもが生まれていた場合，たとえその子どもを新たに認知したからといって，事情変更による養育費額の減額を認めるべきではないと思います。

3　離婚後に再婚して子どもを認知する場合

なお，婚姻関係にない男女間に出生した子どもは，嫡出でない子として，父子関係については，父の認知が必要になります。しかし，嫡出でない子については，父母が婚姻し父が認知することによって，嫡出子の身分を取得できます。これを準正といいます。

準正には，①婚姻準正と②認知準正があります。婚姻準正とは，父に認知された子が父母の婚姻によって嫡出子たる身分を取得することです（民789条１項）。また，認知準正とは，父母の婚姻後に父母の認知によって子が嫡出子の身分を取得することです（同条２項）。

Q25 養育費と再婚―連れ子養子縁組（養育費の事情変更３）

子どもの養育費額を決めて離婚したのですが，その後，元夫は再婚し，相手の女性の連れ子と養子縁組をしたようです。そこで元夫から電話があり，「再婚して連れ子と養子縁組をしたから，養育費額を減額してほしい。」とのことでした。再婚後に連れ子と養子縁組をした場合，養育費は減額しなければならないのでしょうか。

A

離婚した後，再婚した女性に子どもがいる場合，その子と再婚男性が養子縁組をすることは非常に多く，養子縁組の効果として，連れ子は再婚男性と再婚女性の嫡出子となり，父母共同親権の下に置かれることになりますから，基本的には，**Q23**の再婚後に子どもが生まれた場合と同様に考えていいのではないかと思います。そうすると，養育費の一定の減額はやむを得ない場合が多いでしょう。

☑ キーワード

連れ子，養子縁組

解　説

1 連れ子養子縁組

離婚した後，再婚した女性に子どもがいる場合，その子と再婚男性が養子縁組をすることは非常に多いと思います。養子縁組をなすには，意思能力は必要ですが，成年被後見人も後見人の同意を要しないで縁組できます（民法799条による民法738条の準用）。養子となる者が15歳以上のときは，その子本人の意思に従わなければなりませんが，養子となる者が15歳未満のときは，養子となる者の法定代理人（親権者・未成年後見人など）が子に代わって縁組の承諾をすることができます（民797条１項）。子に監護者がいる場合には，監護者の同意も必要です（同条２項）。これを「代諾養子縁組」といいます。

未成年者を養子にする場合，配偶者がある者は，他方配偶者が意思表示できない場合を除いて，他方配偶者とともに縁組しなければなりません（夫婦共同縁組：民795条）。ただし，未成年養子の場合であっても，配偶者の嫡出子（連れ子）を養子とするときには，単独でできます（民795条ただし書前段）。成年者を養子にする場合と養子になる場合には，配偶者がある者は，配偶者とともにする場合や他方配偶者が意思表示できない場合を除いて，他方配偶者の同意を得なければなりません（民796条）。

養子との関係では，養子となる者が未成年者である場合，家庭裁判所の許可が必要です（民798条）。ただし，自己又は配偶者の直系卑属を養子とする場合には，子どもの福祉上問題がないと考えられており，許可は不要とされています（同条ただし書）。したがって，男性が再婚女性の未成年の連れ子と養子縁組をするには，家庭裁判所の許可は不要であり，その子が15歳未満である場合には，再婚女性がその子を代諾して，再婚男性と養子縁組をすることができます。その結果，連れ子は再婚男性と再婚女性の嫡出子となり，父母共同親権の下に置かれることになります。

2　養育費に関する事情変更

養育費の取決めに関する事情に変更があった場合，改めて当事者間で協議することは可能です。しかし，当事者の話合いでは再協議することが困難な場合，変更のための家事調停を申し立てることが可能です。調停で解決することが困難であるときは，家裁が協議や審判で決められた内容を変更する旨の審判をすることができることを民法が定めています（民880条）。

養育費についても，民法766条１項で，「父又は母と子との面会及びその他の交流，子の監護に要する費用の分担その他の子の監護について必要な事項は，その協議で定める。」と定められ，同条３項で，「家庭裁判所は，必要があると認めるときは，前２項の規定による定めを変更し，その他子の監護について相当な処分を命ずることができる。」と定めています。つまり，離婚時に父母の協議や家裁の審判によって養育費支払義務を定めたとしても，家裁は，「必要があると認めるとき」には，その定めを変更することができるとして，事情変更に基づく養育費支払義務に関する定めの変更を認めています。

それでは，再婚相手の連れ子と養子縁組をしたことは，離婚前に出生していた子の養育費額を変更する事情変更に該当するものでしょうか。離婚前から交際していた女性の連れ子と養子縁組する場合には，離婚時点でそうした事情は予想し得たものということもできます。事情変更において斟酌できる事情の範囲を非常に厳格に考えると，そのような場合の連れ子養子縁組は離婚時点で予想できた事情として斟酌しないという考え方もあり得るかと思います。しかし，再婚したからといって，連れ子と養子縁組をするかどうかは必ずしも離婚時点で定まっているわけではないでしょう。

したがって，元夫が再婚して再婚相手の連れ子と養子縁組をした場合，元夫には，新たに扶養義務を負う子どもができたことになりますから，再婚後に子どもが生まれた場合（Q23）と同様に考えていいのではないかと思います。ただし，連れ子が数名いて，全員と養子縁組をするとなると，これまでの養育費額を大幅に減少させることにもなりかねません。養子縁組が必要な事情等を丁寧に調べて，養育費額を減額するための養子縁組には，養育費減額の相当性がないという判断もあり得るところかと思います。

Q 26 養育費と収入の減少（養育費の事情変更４）

子どもの養育費額を決めて離婚したのですが，元夫から給与が減額されて収入が減少したから，養育費額を減額してほしいというメールがありました。元夫の会社の業績が悪化しているのは承知しておりますから，やむを得ないのかなとも思いますが，子どもには関係ないことですので，少し納得がいかない気持ちもあります。このような場合，養育費額を減額しなければならないのでしょうか。

A

養育費額を定めたものの，その後に収入が減少してしまったという場合，事情変更に基づく変更審判は認められると思います。確かに子どもの養育の必要性は何も変化していないのですが，支払義務者である元夫の扶養可能性が減少しているのですから，養育費額の減額はやむを得ないのではないでしょうか。ただし，養育費額を減額するために収入が減少したように見せかけて減額請求がなされる場合もありますから，裁判所は責任をもって減額が相当かどうかを判断すべきだろうと思います。

☑ キーワード

扶養義務者の扶養可能性，変更の相当性

解　説

1　収入の減少

養育費額を定めたものの，その後に収入が減少してしまったという場合，事情変更に基づく変更審判をなし得るかどうかについては，認められるべきだろうと思います。離婚した元夫は，子どもに対して扶養義務を負っており，未成熟の子どもに対しては，生活保持義務という重い義務を負っていると解する以上（この点については，Ｑ３を参照），そう簡単に養育費を減額していいものでもありませんが，具体的な扶養義務は権利者の必要性と義務者の可能性を要件として発生するものですから，収入の減少は扶養義務者の扶養可能性に直結する問題です。

したがって，収入の減少によって扶養義務者の扶養可能性が減少するのであれば，それだけ養育費額も減少することにならざるを得ないと思います。ただし，減少したとはいえ，扶養義務者である元夫が十分な資力を保持しているのであれば，養育費額を減額するのは相当でないという家庭裁判所の裁量判断もあり得るかと思います。

2　収入の減少を考慮できるとした審判例

収入の減少を考慮できるとした審判例には，東京家審昭34・４・13（家月11巻７号63頁）（減額肯定），山口家審平４・12・16（家月46巻４号60頁）（減額肯定），東京家審平18・６・29（家月59巻１号103頁）（減額肯定），東京家八王子支審平19・７・19（家月60巻６号48頁）（減額肯定。しかし，変更が相当性を欠くように思われる事案であり，予測可能な範囲であったとして即時抗告審で減額を肯定した原審判は取り消されて減額請求は却下されました）などがあります。

上記東京家審平18・６・29では，「公正証書作成当時の申立人の総収入を平成16年の給与等の総収入である492万3620円とし，相手方の総収入を，当時相手方が勤務していた株式会社○△○の月額給与から推計した年収132万円として，算定表（判例タイムズ1111号285頁以下）の『表3　養育費・子2人表（第1子及び第2子0～14歳）』により，2人分の標準的な月額養育費を算出すると，6万円から8万円の範囲内の下限の6万円に近い数値となる。また，相手方が平成16年6月から転職し，給与も上がったことから，転職先の株式会社○△△の給与により年収を240万円と推計し，これを相手方の平成16年の総収入とみて，同様に2人分の標準的な月額養育費を算出すると，4万円から6万円の範囲内の上限の6万円に近い数値となる。もっとも，申立人の平成17年の給与等の総収入は563万8856円であり，平成16年より増収となっているが，相手方の平成17年の総収入も240万6000円で，本件公正証書作成当時より増収となっているため，算定表の表3により算出される2人分の標準的な月額養育費の額は，6万円から8万円の範囲内の下限の6万円に近い数値となり，本件公正証書作成当時の額とほぼ同じである。」という事実を旧簡易算定表に従って認定したうえで，次のように判断しました。

「本件養育費約定により合意された2人分の月額養育費の額は，14万円であり，算定表による2人分の標準的な月額養育費の額（約6万円）の2倍以上の額であることが明らかであるから，申立人の収入額からみて，これを支払い続けることが相当に困難な額であったというべきであること，現に，相手方自身も，『養育費の14万円は臨時出費分も考慮した金額』である旨述べていること（中略），また，本件公正証書作成当時，申立人としては，離婚後も当分の間同居生活を継続できるものと考えていたこと，申立人は別居後も両親の援助を得て2人分の養育費として毎月14万円を1年近く支払ってきたが，両親からの援助が実は他人からの借入れによっていたことが後になって判明し，両親からの援助が期待できなくなっただけでなく，申立人自身が借入金の返済をしなければならなくなったこと，その他，本件公正証書作成の経緯等，前記（中略）認定の諸事情を考慮すると，本件においては，当事者間に，公正証書によってされた本件養育費約定に基づく合意が存在するとはいえ，双方の生活を公平に維持していくためにも，本件養育費約定により合意された養育費の月額を減額変更することが必要とされるだけの事情の変更があるものと認められる。」

3 変更の相当性が問題となった審判例

上記東京家八王子支審平19・７・19の事案は，平成18年９月以降，申立人が仕事で使うトラックのリース代10万5000円を新たに負担することになり，その分経費が多くかかるようになったことから収入が大幅に減少し事情変更が生じたとして，申立人が相手方に対し，平成18年６月×日に成立した調停調書第１項において合意した事件本人ら３名の養育費１人につき月２万2000円を１万1000円に減額するよう求めたものというものでしたが，裁判所は，次のように審判しました。

「平成18年９月から新たにトラックのリース代かトラックの買い換え費用がかかるようになることは調停成立時にも認識していたのであるから，平成18年の収入は社会保険料の増加とトラックリース代の増加により減収となることは申立人において調停成立時においても予測可能であったともいえなくもない」としつつ，「将来の大幅な減収までも調停成立時に予想して養育費の金額を合意したものとは認められない」から，事情変更を認めると判断しました。

しかしその抗告審☆1では，事情変更に該当する事情について，考慮し得る事情の範囲を厳格に制限し，「当事者に予測不能であったことが後に生じた場合」でなければならないとし，事実認定の問題として取り消すに至りました。もっとも，抗告審決定自身が述べているように，「相手方が養育費の支払をしない理由は，必ずしもトラックのレンタル料の支払のみであるとはいえない」というところに焦点があったように思われますから，結局は，変更の相当性がなかったと判断されるべきだったのではないかと思われます。

注　記

☆１　東京高決平19・11・９家月60巻６号43頁。

Q 27 養育費と物価の変動（養育費の事情変更５）

子どもの養育費額を決めて離婚したのですが，元夫から，物価の変動（デフレーション）によって養育費額の価値が変動したから，養育費額を減額してくれないかという申入れがありました。このような場合，養育費額を減額しなければならないのでしょうか。

A

物価の変動があると，協議して決めた養育費額の価値が維持されないという事態が生じてきますが，通常の物価変動は，常時生じているものですし，物価変動が生じているからといって，直ちに事情変更による変更審判が可能だとすると，子どもの生活の安定性が確保されなくなってしまいますから，基本的には，通常の物価変動は甘受すべきものであって，変更審判を要するような事情変更には該当しないと思います。

☑ キーワード

物価の変動，ハイパーインフレーション，資産価値の減少

解　説

1　物価の変動と事情変更

物価の変動とは，基本的には，商品の小売価格の変動を指すものであり，消費者物価指数は，国民の生活水準を示す重要な指標の一つとされています。物

価が変動すると，名目的な金額の価値自体が変動することになります。養育費額を定めた場合，インフレーションが進行すると，名目的な養育費額の価値が相対的に減少することになります。そうした場合，事情変更があったとして養育費額の増額を請求できるかが問題となります。

養育費は，子どもが成長するまで継続的に支払うべきものですし，子どもが成長するまでは相当の期間を要するのですから，その間に物価変動が生じる可能性があり，せっかく養育費額を定めたとしても，その後の物価変動によって決めた金額の価値が維持されないという事態が生じてきます。しかし，通常の物価変動は，常時生じているものですし，物価変動が生じているからといって，直ちに事情変更による変更審判が可能だとすると，子どもの生活の安定性が確保されなくなってしまいます。

そうだとすれば，通常の物価変動は甘受すべきものであって，変更審判を要するような事情変更には該当しないと考えていいのではないかと思います。もっとも，事情変更には該当するものの，通常の物価変動を斟酌するのは相当でないという判断もあり得るかと思います。いずれにしても，ハイパーインフレーションのような異常な物価変動でない限り，事情変更による変更審判をすることは妥当でないというべきです。

2　物価の変動を考慮した審判例

物価の変動を考慮した審判例には，高度経済成長期のインフレーションが問題となった東京家審昭37・８・14（家月14巻12号99頁）（増額肯定）などがあります。もっとも，デフレーション基調となっている現在の経済状況の下では，物価の変動自体はあまり問題にならないと思います。しかし今後，ハイパーインフレーションが生じた場合などには，昭和30年代の審判例を参考にすべき場合があるかもしれません。

上記東京家審昭37・８・14の事案は，養育費を定めていたところ，物価の上昇，需要の増大，俸給の増加等の事情が変更したものとして，養育費の増額請求を認めたものですが，裁判所は，「申立人が相手方と別居していることは正当な事情に基づくものというべく，且つ，かくして相手方の申立人に対し負担すべき婚姻費用の分担額につき，前記審判において定められた金額を増額すべき事情の変更があることを明らかに認め得るところ，如上の事実のほか，本件にあらわれた申立人及び相手方それぞれの生活に必要とされる経費等一切の事情を斟酌した結果（なお，相手方は，昭和37年７月31日限り勤務先を退職したものの如くである。しかし，当裁判所の知る限り，相手方がこの期に勤務先を退職せねばならぬ特段の理由は認め難い。諸般の事情から推せば，それは申立人に対する婚姻費用分担を回避するための苦肉の策と解し得られないではない。そうとすれば，かかる事情が現出されたとしても，爾後の生活程度は，従前と同程度のものとして取扱うの外はない），前期審判中，相手方の申立人に対する婚姻費用（長女Ａの養育費を含む）の分担金につき，本件申立時である昭和36年５月17日以降，毎月の支給額を金18000円に，毎年６月のそれを金20000円に，及び毎年12月のそれを金40000円にそれぞれ増額変更することを相当と認め，主文のとおり審判する。」と判断しています。

3　土地の資産価値の減少の場合

なお，土地の資産価値が変化したことを理由として，養育費の減額あるいは免除を求めた事案において，減額あるいは免除を認めるような事情変更には当たらないとして請求を却下した事例もあります。

広島家審平11・３・17（家月51巻８号64頁）は，離婚請求訴訟において，訴訟上の和解が成立し，和解条項として，一定の土地が相手方の所有であることを確認し，申立人は相手方に対し未成年者２名の養育費等として平成８年３月から長男である未成年者Ａが満23歳に達する年の12月まで毎月末日限り１か月金５万円ずつを支払うこととしたが，その後に当該土地上の極度額3000万円の根抵当権設定登記が抹消されたため，申立人が養育費の支払免除等を請求したところ，裁判所は，「和解成立時に本件土地に設定されていた根抵当権が解除され，その抹消登記がなされて，本件土地の資産価値が変化したことは明らかであるが，これによって相手方の可処分所得が直ちに増加するわけではないし，前記和解において，根抵当権を解除したときには養育費を減額あるいは免除とすることを明示，黙示的に合意した形跡はない。そもそも，本件土地についての和解は，離婚に伴う財産関係の清算を目的としてなされたものであり，当時本件土地につき極度額金3000万円の根抵当権設定登記があること，将来解除により根抵当権が消滅してその抹消登記がなされることがありうることは当然に予測できたことである。したがって，申立人が主張している事由は，未成年者の養育費を減額し，あるいは養育費の支払義務を消滅させるような事情変更には当たらない。」と判断しました。

Q 28 養育費と需要の増大（養育費の事情変更６）

子どもの養育費額を決めて離婚したのですが，子どもが医学部に進学したいと言い出しており，今の養育費ではとても医学部進学は難しいと思います。元夫は，子どもの医学部進学に積極的な発言もあるのですが，必ずしも経済的に余裕があるわけではないようです。元夫に対して，子どもの養育費額を増額してもらえないか交渉できるものでしょうか。

A

離婚時に養育費額を決めた場合であっても，子どもが成長する過程で新しい事態が生じ，子どもの養育費額の増額が必要になることもあります。そのような場合，まずは，義務者である元夫に養育費額の増額を率直に頼んでみるべきですが，話合いがまとまらないときには，事情変更による養育費の増額を請求する審判を申し立てることができます。ただし，斟酌し得る事情に該当するからといって，直ちに養育費額の増額が認められるわけではありません。義務者である元夫に理解してもらえるよう十分に説明することが必要だろうと思います。

☑ キーワード

需要の増大，義務者の扶養可能性，信義則

解　説

1　需要の増大と事情変更

養育費額をいったん決めたとしても，養育費支払義務は子どもが成長するまで継続する義務ですし，子どもが成長する間に様々な新しい事態が生じてくることが考えられます。特に，子どもが病気になって通常以上の医療費が必要になったり，医学部進学を考えるようになって通常以上の教育費がかかるようになったりすることもあります。そのような場合，まずは，義務者である元夫に養育費額の増額を率直に頼んでみるべきですが，話合いがまとまらないときには，事情変更による養育費の増額を請求する審判を申し立てることができます。

子どもにとっての養育費需要の増大は，事情変更として斟酌されるべき事情に該当することに異論はあまりないでしょう。もっとも，斟酌し得る事情に該当するからといって，直ちに養育費額の増額が認められるわけではありません。権利者である子どもの側に事情変更があったとしても，義務者である親の側に事情の変更はないのですから，義務者の扶養可能性が増大しているわけではないからです。また，子どもの側に需要が増大したという事情変更があるとしても，養育費額を増額することが相当であるかどうかをまた別途検討しなければなりません。

2　子どもの需要増大を考慮した審判例

子の需要の増大を考慮した審判例には，福島家審昭46・４・５（家月24巻４号206頁）（増額否定），大阪高決昭56・２・16（家月33巻８号44頁）（増額肯定），東京家審平９・10・３（家月50巻10号135頁）（増額肯定。しかし，変更が相当性を欠くように思われる事案であり，即時抗告で取り消されて，請求は却下されました。❸で詳しく説明します）などがあります。

上記大阪高決昭56・２・16の事案は，子どもらの両親が昭和51年６月25日徳島家庭裁判所において調停離婚及び調停離縁をした際，抗告人に対し，子どもらの養育は相手方において行う，相手方の両親は抗告人に対する慰謝料等の支払にかえて子どもらの養育料を支払う旨確約したにもかかわらず，原審判が事情変更を認めて抗告人に養育費の負担を命じたのは違法であり，「原審判を取消し，本件を大阪家庭裁判所堺支部に差戻すか，又は御庁において更に相当の裁判をされたい」と主張したものです。

このような事案につき，大阪高裁は，相手方の両親も老齢となって収入も減少しているにもかかわらず，「事件本人らはいずれも大学進学を希望しており更に教育費の増加が予想されるのに，昭和55年９月６日長女Ａが満18歳となったため，同人に関する児童手当の支給を打ち切られることになったことが認められる。」とし，「おそくとも昭和55年７月１日現在においては事情に変更を生じ，相手方において抗告人に対し前記約定の変更を求めうるに至ったものというべきである。」としたうえで，「右抗告人及び相手方双方の資力その他前記認定にかかる一切の事情を考慮すると，抗告人に対し事件本人らの養育料として，原審判認定の金額を負担させるのが相当であると認める。」と判断して，養育費の増額を認めています。

3　養育費額の増額が抗告審で否定された審判

上記東京家審平９・10・３の事案は，申立人と相手方が調停離婚した際に，事件本人である子どもの親権者を申立人と定め，成年に達するまでの養育費として1000万円を支払う旨の合意が成立し，申立人はこれを相手方から受領しましたが，その子は私立の小中学校に通学したため，学費がかさみ，中学卒業までに上記1000万円を使い切ってしまったところ，その子は現在私立高校３年に在学しており，来春３月には同校を卒業して公立大学医学部に進学することを希望しているので，平成７年４月高校入学以降の養育費として大学医学部卒業の年である平成16年３月まで１か月につき20万円の支払を求めると主張したものです。

東京家裁の決定は，民法880条の趣旨につき，「扶養の必要状態と可能状態はたえず変動するものであるから，事情変更があった場合には一旦成立した協議又は審判の変更を可能としたものである」と説明して増額を肯定しました。しかし，その説明自体はそのとおりでしょうが，調停において将来の養育費を予測して計算し，それの一括払が求められた場合，それを遵守して履行したにもかかわらず，その後で事情変更を理由としてさらなる養育費請求を認めるのは，信義則に反して相当でないことにもなり得ると思われます。

その抗告審決定☆1は，「当事者間において相手方がその責任において事件本人の養育に当たる旨の合意が成立しているのであり，抗告人は事件本人の養育の方法について具体的な希望を述べた形跡はないのであるから，事件本人の養育方法については，相手方の資力の範囲内で行うべきで，これと無関係に私立学校に通学させるべきものとは認められない。また，私立学校の授業料や学習塾の費用がある時期から急激に高騰したといった事情は認められないから，相手方としては，事件本人を私立学校と学習塾に通わせた場合には，高等教育を受ける以前に抗告人から支払われた養育費を使い尽くすことは当初から容易に予測可能であったと認められるのであり，これを補うためには，相手方自ら稼働して養育費を捻出するか父親からの援助を得ることが必要であったと考えられるが，相手方は離婚後就労状況が安定していないし，家業は父親の存命中から不振続きであったから，これらによって養育費を補填することは当初からあまり期待できない状況にあったと認められる。以上の事実によれば，前記の調停成立後にその内容を変更すべき事情の変更が生じたとは認めることはできず，事件本人が，既に就労可能な年齢に達していることを併せて考慮すれば，相手方の本件養育費請求は理由がない。」と判断しています。

考慮できる事情について，予見し得なかったものに限定する厳格な解釈をなした審判例は，これ以外にも相当数存在していますが，そのいずれも考慮し得る事情を制限しているというより，変更審判の要件としての相当性を欠くとするための説明として予見可能性に触れられているだけのようでもあり，しかも予見不可能性について非常に緩やかに判断していると思われます。

判　例

☆1　東京高決平10・4・6家月50巻10号130頁。

Q 29 養育費と面会交流の関係

離婚するにあたって，養育費の分担と子どもとの面会交流のルールを協議して定めましたが，元妻が養育費を値上げしろと言ってくるようになり，養育費を値上げしないと子どもには会わせないと言っています。私も経済的に余裕がなく，養育費を値上げできる状況にはないのですが，養育費を値上げしないと子どもに会えないのでしょうか。

A

養育費を分担することと面会交流することは，法的次元がまったく異なりますから，養育費を値上げしなければ子どもに会わせないなどという言動は，子どもの福祉に反しています。養育費の分担は，子どもを経済的に支える義務です。面会交流は，親が子どもを精神的に支えることを目的とする子どもの権利だと思います。そうだとすれば，養育費の分担と面会交流の実施は，車の両輪のような関係にあるともいえます。養育費の額が子どもの生活にとって不十分であれば，面会交流ルールの変更を行うべきであって，元妻が一方的に面会交流のルールを拒否することはできません。

☑ キーワード

面会交流，子どもの福祉，親としての責任，子どもの道具化，権利濫用

解　説

1　養育費と面会交流

養育費と面会交流の法的根拠は別と考えられています。養育費の分担は，民法877条１項が定める直系血族間（親子間）での扶養義務の問題です。面会交流は，親が子どもを精神的に支えるための子どもの権利であると考えるべきだろうと思います。したがって，養育費の分担と面会交流の実施は，法的次元はまったく異なるものですが，子どもを支える車の両輪のような関係にあります。

欧米諸国では，養育費の分担と面会交流の実施は，離婚後の父母の子どもに対する共同養育責任と関わる重要な問題であるとされ，養育費の分担が子どもを経済的に支える義務であり，面会交流の実施が子どもを精神的に支えるものであって，その両方があいまって親としての子どもの幸せを実現する責任を構成するものといわれています。

単純に考えても，子どもと別々に暮らさざるを得なくなった親は，面会交流の機会に子どもの成長を実感することができ，面会交流の機会を通じて子どもと精神的な交流を行い，それによって初めて親としての自覚と責任感が生まれてくるものではないかと思います。子どもに会うこともなく，子どもの成長に関心をもつこともなく，いたずらに時間が過ぎてしまうと，親としての自覚や責任感は消え失せてしまうのではないでしょうか。

そうだとすれば，養育費を値上げしないと子どもには会わせないという戦略を立てること自体が矛盾していることになります。子どもに会えなくなってしまえば，子どもの養育費を支払うべき責任感が薄れてしまうのですから，より一層子どもの養育費が支払われなくなる危険を生じさせるものであって，何よりも子どもの福祉にも反する取扱いとなり，完全に間違った考え方だと思います。

面会交流の実施が，子どもの福祉の観点から重要なことは異論のないところかと思いますが（ただし，離婚した配偶者に嫌がらせをするための濫用的な面会交流の場合は違います），親としての自覚と責任感を醸成するためにも重要だろうと思います。そして，そのように親としての自覚と責任感をもつことによって，適切な養育費の分担義務が自発的に履行されていくことになるのではないでしょうか。そのような親としての自覚や責任感を醸成しないまま，法的義務であるからという理由だけで養育費を支払え，値上げしろと要求しても，そこには自発的な責任感が欠如していますから，強制執行まで行ってもなかなか履行させられないという悪循環に陥ってしまう危険性があると思います。

2　養育費の支払と面会交流のルール

実務では，面会交流と養育費の支払を条件づける方法も横行しています。例えば，離婚して子どもと同居しなくなった親が解雇や雇用主の破産などで経済力がなくなった場合，子どもと同居して子どもを監護している親が「養育費を支払えないなら子どもには会わせない。」として，せっかく決めた面会交流のルールを覆してしまうことがあります。非監護親にお金があるにもかかわらず，子どもの養育費を嫌がらせとして支払わないのであれば，「養育費を支払って親としての責任を果たせ」と請求するのは当然のことです。しかし，非監護親が事情の変更によって養育費を十分に支払えなくなったにもかかわらず，養育費の支払を面会交流の引換条件にするのが本当に適切なのかどうかについては，よく考える必要があります。

そのような場合，むしろ子どもとの面会交流を通じて，非監護親が子どもの成長をきちんと見届けることによって，自暴自棄になることなく，社会的にも再チャレンジすることもあるのではないかと思います。そうだとすれば，監護親としては，子どもの福祉を考慮して，冷静になって考えるべき場面になるはずだと思います。

さらに実務では，監護親がいったん決めた面会交流のルールを拒否して，「養育費を値上げしなければ子どもには会わせない」と拒絶することもあります。これは，先に述べた事例とは異なり，協議や調停などで決めた面会交流ルールを非監護親のほうが遵守しているにもかかわらず，監護親のほうが一方的に面会交流ルールを拒否していることになります。

子どもの需要が増大して養育費額を値上げしてほしいのであれば，監護親としては，協議や調停の結果に不満があるとしても，事情変更に基づくルールの変更の申立てを行うべきです（需要の増大に基づくルールの変更審判についてはQ28を参照）。監護親は，子どもと一緒に生活しており，自分が優位にあることに乗じてそのように面会交流ルールを一方的に拒否することは許されません。そのような養育費の値上げ交渉は，子どもを養育費値上げの道具としてしまっており，権利濫用として許されないと思います。

Q 30 養育費の請求手続

子どもの養育費の分担のことを話し合わずに協議離婚しました。しかし，子どもの養育費は支払ってもらわなければ私の生活が成り立たないので，元夫には子どもの養育費を請求したいと思います。どうしたらいいのでしょうか。

A

子どもの養育費の分担を決めずに離婚した場合には，離婚した後であっても，元夫との協議によって養育費の分担を決めることができますし，元夫との協議で養育費を決められない場合には，家庭裁判所に養育費分担の調停を申し立てて，家庭裁判所で調停委員の力も借りて養育費の分担について話し合うことができます。もし話合いがまとまらずに調停が不成立になったとすると，自動的に養育費分担の審判に移行して，裁判官の審判によって今後の養育費の分担が定められることになります。現在の実務では，簡易迅速さを重視して，令和元（2019）年に提案された新しい標準算定方式と新しい簡易算定表を使用して養育費の分担額を定めることが多いと思われます。

☑ キーワード

養育費分担調停，養育費分担審判，新簡易算定表

解　説

1　離婚後の養育費分担調停の申立てへの流れ

民法766条１項は，「父母が協議上の離婚をするときは，子の監護をすべき者，父又は母と子との面会及びその他の交流，子の監護に要する費用の分担その他の子の監護について必要な事項は，その協議で定める。この場合においては，子の利益を最も優先して考慮しなければならない。」とされています。

しかし，協議離婚をするときに養育費の分担について必要な事項を定めなかった場合には，家庭裁判所に養育費分担の調停を申し立てて，調停手続の中で話し合うことができます（家事244条）。調停が不成立となって終了した場合には，調停申立て時に家事審判の申立てがあったものとみなされて，審判手続に移行することになります（家事272条４項）。

養育費の分担を継続的に実施するためには，養育費の分担を決める調停や審判がなされるだけでなく，非監護親に対する面会交流などが実施されて，非監護親が親としての責任を自覚することが重要ではないかと思います。非監護親に子どもの成長をきちんと見届けてもらい，責任ある養育費の分担の履行を促すことが，子どもの福祉のために必要なことではないかと思います（この点については，Q29を参照）。

したがって，養育費分担請求事件については，離婚調停と離婚の訴えのような調停前置主義（家事257条）がとられているわけではありませんが，まずは調停を申し立てて，面会交流のルール設定などと一緒に養育費の分担について話し合うという運用がなされています。

2　養育費分担調停の流れ

養育費分担調停は，申立書を家裁に提出することから始まります（家事255条１項）。この申立書には，当事者等や申立ての趣旨・理由を記載しなければなりません（同条２項）。養育費分担調停の場合の申立ての趣旨は，「相手方は，申立人に対し，当事者間の長男○○（平成△△年△月△日生）の養育費として，令和○年△月から子が20歳に達するまで，毎月末日限り金□万円を支払え。」等と記載します（始期と終期の記載についてはQ20を参照）。調停申立書は，原則として，その写しを相手方に送付することになっていますから（家事256条１項），複写式になっている定型書式を使わない場合には，申立書の写しも裁判所に提出しなければなりません。

養育費分担調停は，調停委員会の下で，当事者への手続の説明を行って，双方から総収入や非消費支出，恒常的特別経費などを聴取し，標準算定方式及び簡易算定表に当てはめて養育費分担を算定することが多いと思われます（新しい標準算定方式と新しい簡易算定表についてはQ21を参照）。

3　養育費分担審判の流れ

養育費分担調停が成立しなかった場合，自動的に養育費分担審判に移行しますから，改めて書類を出し直す必要はありません。養育費分担審判の審理は，双方から事情を聴取し（家事68条１項），当事者の審問等を行い（同条２項，69条），事実調査をしたときはその旨を通知し（家事70条），審理を終結して（家事71条），審判日を定め（家事72条），家裁が最終的な決定（審判）を行います（家事73条）。

現在の実務では，簡易迅速さを重視して，新しい標準算定方式と新しい簡易算定表を使用して分担額を定めることが多いと思われます。

Q31 養育費分担と保全処分

養育費の分担を求めて，離婚した元夫に対して，調停を申し立てましたが，元夫がなかなか話合いに応じてくれず，必要な書類も出し渋っているため，調停が長引いています。審判前の保全処分という制度があると聞いたのですが，その申立てをすれば，少しでも早く養育費の分担がなされるものでしょうか。

A

家事事件手続法には，審判前の保全処分という制度が規定されており，養育費分担調停の申立てがあった場合には，審判前の保全処分を申し立てることができます。養育費の分担については，金銭の仮払いを求めることがこの審判前の保全処分に該当しますから，早い時期に養育費の分担を実現することができます。

☑ キーワード

審判前の保全処分，家事調停の申立て，疎明，金銭の仮払い

解　説

1　家事事件における審判前の保全処分

家事事件については，本案である家事審判事件について，家事調停の申立てがあった場合には家事調停裁判所が仮差押え・仮処分・財産の管理者の選任そ

の他必要な保全処分を命ずる審判をすることができます（家事105条１項)。これは「審判前の保全処分」と呼ばれています。養育費の分担に関する処分（子の監護に関する処分の一つ）もこの対象に含まれます（家事157条１項３号)。

審判前の保全処分の申立ては，その趣旨と保全処分を求める事由を明らかにしてしなければなりません（家事106条１項)。そして，保全処分は，本案である家事審判事件の審判がなされるまでの間の暫定的な処分を求めるものですから，証明という高いレベルの心証が必要なのではなく，疎明というレベルの心証で足りるとされています（同条２項)。

本来，家事審判事件では，職権探知主義がとられており（家事56条１項)，家庭裁判所の後見的役割が期待されているのですが，審判前の保全処分については，緊急性が高く，迅速処理が強く要請されますから，申立人自身に保全処分を求める事由の疎明責任を負わせないと，迅速な裁判資料の収集が困難であると考え，例外的に保全処分を求める事由（本案認容の蓋然性及び保全の必要性）について，保全処分の申立人に疎明義務（責任）を負わせることとしているとされています＊1。

2　養育費分担請求事件と審判前の保全処分

養育費分担請求事件で審判前の保全処分を利用しようとすると，保全処分を求める事由として，養育費分担が認められるという本案認容の蓋然性を疎明しなければならないとともに，保全の必要性を疎明しなければならないことになります。家庭裁判所は，職権で事実調査を行ったり，証拠調べをしたりすることもできます（家事106条３項)。

養育費分担を求める審判前の保全処分は，緊急性に鑑みて，疎明という条件だけで仮処分を命ずることができますし，金銭の仮払いを求めることが審判前の仮処分に該当します。したがって，審判前の保全処分を利用すれば，早い時期に養育費の分担を実現することができます。

注　記

＊１　金子修編著『逐条解説・家事事件手続法』（商事法務，2013年）347頁。

Q 32 養育費分担と強制執行

養育費分担の審判で，今後の養育費の分担が定められたにもかかわらず，審判が終了してしまったら，元夫がまったく守ろうとしません。そのために，１回も養育費の分担が守られず，子どもの養育費の送金がなされないでいます。そのような場合に養育費の分担を実現するにはどのような方法がありますか。

A

審判で決まった内容が実現されない場合には，家事事件手続法に履行勧告という制度があり，家裁調査官に履行を勧告してもらうという手段があります。履行勧告を使っても養育費の分担が実現できない場合，あるいは，履行勧告にも期待できないような場合，強制執行（直接強制）によって養育費の分担を実現することができます。具体的には，相手方の勤務先から支払われる給与や相手方名義の預貯金の払戻請求権などの債権を差し押さえる債権執行手続をとることになります。

☑ キーワード

履行勧告制度，強制執行，直接強制，債権執行手続，予備差押え，情報取得手続，財産開示手続，間接強制

解　説

1　養育費の分担の実現方法

調停や審判によって養育費の分担を定めたにもかかわらず，その後に相手方がその内容を不満に感じて，養育費の分担の実施を拒否する場合があります。そのような場合には，家事事件手続法の中に，履行勧告という制度があります。履行勧告とは，調停や審判で定められた義務につき，権利者の申出があるときは，家庭裁判所は，履行状況の調査及び義務の履行を勧告することができるとされている制度を指しています（家事289条１項）。

この履行勧告については，主として家裁調査官が行っており，まず，履行状況の調査が行われ，義務者に対して，主に電話や手紙で当事者双方から養育費を分担できない事情等を聴取し，養育費の分担を実施できるように調整します。このような履行勧告によって養育費の分担を実施できないとき，あるいは，履行勧告にも期待できないようなとき，強制執行手続に進むことになります。

2　養育費の分担の強制執行

養育費の分担の強制執行については，金銭的な請求ですから，債務者の財産を差し押さえて債権回収を図ればよいこととなり，直接強制が妥当します。金銭の支払を命ずる審判は，執行力のある債務名義と同一の効力を有しますから（家事75条），確定した審判を債務名義として強制執行を申し立てることができます（民執22条３号）。具体的には，相手方の勤務先から支払われる給与や相手方名義の預貯金の払戻請求権などの債権を差し押さえる債権執行手続をとることになります。したがって，相手方の勤務先情報（給与債権に関する情報）が得られなければ，差押えもできませんから，情報取得や財産開示が重要となります。

令和元（2019）年５月に民事執行法が改正され，債務者以外の第三者からの情報取得手続が新設されました（民執205条～207条）。また，財産開示手続も見直され，申立権者の範囲が拡大されています（民執197条）。これには，執行受諾文言付公正証書に基づく養育費の債権者も含まれることになりましたから，養育費の取決めを公正証書で行っておくと，財産開示請求ができることになりました。さらに，財産開示期日の不出頭等にも刑事罰を科すこととし（民執213条），手続の実効性向上が図られています。

また，養育費の不払に対しては，債務者が，支払能力を欠くためにその金銭債権に係る債務を弁済することができないとき又はその債務を弁済することによってその生活が著しく窮迫するときを除いて，間接強制もできることとされています（民執16条の15第１項）。

財産開示請求は，ある金融機関の本店に対して照会をすれば，その金融機関は，そのすべての支店で取り扱われている債務者の預貯金債権に関する情報を包括的に検索したうえで回答することができるようになってきています。

もっとも，預貯金債権を差し押さえるにあたっては，取扱店舗を特定する必要があるとされています＊1。

3　将来の養育費の予備差押え

執行債権の行使は，原則として確定期限の到来後でないと，執行開始はできないものとされています（民執30条１項）。しかし，養育費分担義務に係る定期金債権であって，その履行期の定めが確定期限によるものを執行債権とする場合には，履行期到来に先立つ予備差押えをなし得るものとされています（民執151条の２第１項３号）。

これは，少額なのが通常である各回の定期金につき，債権者は期限到来ごとに執行申立てを反復する負担に耐えず，性質上適時の給付が債権者の生計維持に不可欠だからとされています＊2。

■注　記■

＊1　奥田大助「東京地方裁判所における新たな実務運用について⑴債権執行①：財産開示手続の拡充・第三者からの情報取得手続制度」家庭の法と裁判研究会編『改正民事執行法における新たな運用と実務』家判号外20頁。

＊2　中野貞一郎＝下村正明『民事執行法』（青林書院，2016年）685頁。

Q 33 養育費に関する準拠法

国際的な結婚をして，父母や子どもの国籍が異なる場合，子どもの養育費に関しては，どの国の法律が適用になるのでしょうか。

A

法の適用に関する通則法は，その32条で，親子間の法律関係について，①父又は母の本国法と子どもの本国法とが同一であるときは，その同一の本国法を適用することとし，②そのような同一の本国法がないときには，子どもの常居住地法が準拠法となるものとしています。したがって，父・母・子どもの国籍がそれぞれ異なっている場合には，子どもの常居住地の法律が適用されることになります。子どもの監護に関する問題にも，この条文が適用されるものと解されています。

しかし，養育費に関する問題は，親子間の扶養義務の問題と考えるべきですから，「扶養義務の準拠法に関する法律」によって準拠法を定めるべきだろうと思います。そうだとすると，同法では，２条１項で，「扶養義務は，扶養権利者の常居所地法によって定める。ただし，扶養権利者の常居所地法によればその者が扶養義務者から扶養を受けることができないときは，当事者の共通本国法によって定める。」と定めていますから，原則として，養育費の分担を請求する権利者の常居住地法が適用されることになります。

☑ キーワード

準拠法，法の適用に関する通則法，扶養義務の準拠法に関する法律

解　説

1　国際的な親子間の法律関係に関する規律

渉外的法律関係から生じる実体法の適用を定めるためには，その判断基準となる法である準拠法を指定することに基づいて規律することとなります。日本における準拠法の指定は，法の適用に関する通則法に基づいてなされます。

法の適用に関する通則法は，（親子間の法律関係）として，「親子間の法律関係は，子の本国法が父又は母の本国法（父母の一方が死亡し，又は知れない場合にあっては，他の一方の本国法）と同一である場合には子の本国法により，その他の場合には子の常居住地法による。」（法適用32条）と定めています。

つまり，法の適用に関する通則法32条は，親子間の法律関係については，①父又は母の本国法と子どもの本国法とが同一であるときは，その同一の本国法を適用することとし，②そのような同一の本国法がないときには，子どもの常居住地法が準拠法となるものとしています。

2　国際的な子どもの養育費に関する規律

法の適用に関する通則法32条は，親子間の法律関係としていますが，そこには，身分関係であると財産関係であるとを問わず，親子間のすべての法律関係に適用されるものとされており，親権や監護権の帰属や分配・内容・消滅のほか，子どもの監護に関する処分や子どもの引渡しに関する問題もここに含まれるものと解されています。

しかし，親子間の扶養の問題については，扶養義務の準拠法に関する法律が制定されており，法の適用に関する通則法32条は適用されないものと解されています*1。養育費の分担については，親子間の扶養義務の問題と考えるべきですから，扶養義務の準拠法に関する法律によって準拠法を定めるべきだろうと思います。

この法律では，２条１項で，「扶養義務は，扶養権利者の常居所地法によって定める。ただし，扶養権利者の常居所地法によればその者が扶養義務者から扶養を受けることができないときは，当事者の共通本国法によって定める。」と定めています。

また同条２項では，「前項の規定により適用すべき法によれば扶養権利者が扶養義務者から扶養を受けることができないときは，扶養義務は，日本法によって定める。」と定めています。

したがって，養育費の分担について扶養義務の準拠法に関する法律を適用すべきだとすれば，原則として，養育費の分担を請求する権利者の常居住地法が適用されることになります。

注　記

＊１　櫻田典子「渉外子の監護事件の国際裁判管轄と準拠法」野田愛子総編集『新家族法実務体系　第２巻』（新日本法規，2008年）688頁。

Q34 養育費分担に関する紛争の管轄

離婚時に子どもの養育費の分担を決めなかったので，改めて養育費の分担について定めたいと思っているのですが，子どもの父親である元夫は他府県に移転してしまいました。子どもの養育費の分担を定めるためには，どこの裁判所に申し立てればいいのでしょうか。

A

養育費の分担の調停は，相手方である元夫（父）の住所地を管轄する家庭裁判所か合意で定めた家庭裁判所に申し立てなければなりません。ただし，養育費の分担の審判は，元夫（父）又は元妻（母）の住所地を管轄する家庭裁判所に申し立てることができます。なお，調停が不成立によって終了し，自動的に審判に移行する場合には，自庁処理によって調停を申し立てた家裁が管轄を有するものとして引き続き担当することとされています。

☑ キーワード

調停の管轄，審判の管轄，合意管轄，自庁処理

解　説

1 養育費分担調停の管轄

養育費分担調停は，相手方の住所地を管轄する家庭裁判所又は当事者が合意

で定めた家裁の管轄に属するものとされています（家事245条１項）。

相手方の住所地管轄と定めるのは，申立人が相手方のもとに出向いてするものとするのが申立人と手続に関与させられる相手方の公平の理念に合致するという考え方に基づいています。また，合意管轄を認めているのは，家事調停事件は当事者間の協議によって円満な紛争解決を目指す手続であることから，管轄裁判所を当事者が合意で選択できるものとするのが合理的だという考え方に基づいています＊1。

したがって，元妻が離婚した元夫に対して養育費分担調停を申し立てる場合には，元夫の住所地を管轄する家庭裁判所又は元妻と元夫が合意して定めた家裁に調停を申し立てなければなりません。

2 養育費分担審判の管轄

養育費分担審判については，調停を申し立てずに，いきなり養育費分担審判を申し立てる場合には，元夫又は元妻の住所地を管轄する家裁（家事150条３号）又は当事者が合意で定めた家裁（家事66条１項）の管轄に属するものとされています。

養育費の分担は，元夫と元妻が子どもの父母として，子どもに対する扶養義務を負っているのですから，父母それぞれが適切な範囲で子どもに対する扶養義務を履行しなければなりません。したがって，養育費の分担を請求する場合には，父母の子どもに対する具体的な扶養義務を明確にすることになります。

養育費分担請求の相手方である元夫の住所地に加えて，申立人である元妻の住所地も管轄と定めているのは，例えば，相手方である元夫の住所地のみを管轄とした場合には，経済的に余裕のない元妻が遠隔地で生活する元夫に対し養育費の分担に関する処分の申立てをすること自体を躊躇することも考えられるなど，当事者間の公平に反することが生ずることも考えられるからであるとされています＊2。

養育費分担調停が不成立となって審判に自動的に移行する場合には，以前の家事審判法の下では，養育費分担審判について管轄を有するか否かに関わりなく，調停事件を取り扱った家裁が移行を受けるとするのが通説であり実務であるとされていました。家事事件手続法の下でも同様に考えるべきだとされていますが，同法272条４項によって当然に管轄を有するのではなく，自庁処理（家事９条１項ただし書）によって管轄を有することとなるとの理解が一般的となっているようです＊3。

■注 記■

＊１　金子修編著『逐条解説・家事事件手続法』（商事法務，2013年）738頁。
＊２　金子編著・前掲（＊１）488頁。
＊３　金子編著・前掲（＊１）817頁以下。

Q 35 養育費分担に関する紛争の国際的な管轄

国際的な結婚をし，数年後に離婚して，子どもは私が監護しているのですが，子どもの養育費の分担について，元夫とルールを定めたいと思っています。どこの裁判所で取り扱ってもらえるのでしょうか。

A

養育費分担に関する国際的な管轄は，調停の場合と審判の場合とで規律が異なっています。平成30（2018）年の家事事件手続法改正によって，新たに３条の10，３条の13という条文が設けられましたので，それらの規律によって管轄裁判所が決まることになります。養育費分担審判については，扶養権利者である元妻の住所又は子どもの住所が日本国内にあるときは，日本の裁判所に養育費分担審判を申し立てることができます。

☑ キーワード

国際裁判管轄，調停の管轄，審判の管轄

解　説

1　養育費分担調停の国際的な管轄

家事調停事件の国際的な管轄は，①当該調停を求める事項についての訴訟事件又は家事審判事件について日本の裁判所が管轄権を有するとき，②相手方の住所（住所がない場合又は住所が知れない場合には，居所）が日本国内にあるとき，

③当事者が日本の裁判所に家事調停の申立てをすることができる旨の合意をしたとき，には，日本の裁判所が管轄権を有するものとされています（家事３条の13第１項１号～３号）。

①については，家事調停で合意に至らないときには最終的に訴訟や審判によって解決されることになりますし，また，訴訟事件や審判事件の開始後に話合いによる解決が見込まれる場合には調停に付することも想定されますから，訴訟事件や審判事件の管轄と一致するのが望ましいとされたことによります。②については，国内紛争の管轄と同様に，申立人と手続に関与させられる相手方の公平の理念に合致するという考え方に基づいています。③の合意管轄を認めているのも，国内紛争の管轄と同様に，家事調停事件は当事者間の協議によって円満な紛争解決を目指す手続であることから，管轄裁判所を当事者が合意で選択できるものとするのが合理的だという考え方に基づいています＊1。

2　養育費分担審判の国際的な管轄

養育費の分担に関する審判事件については，夫婦，親子その他の親族関係から生ずる扶養の義務に関する審判事件の一つとして，家事事件手続法３条の10が適用されます。

養育費分担審判の国際的な管轄について，家事事件手続法３条の10は，「裁判所は，夫婦，親子その他の親族関係から生ずる扶養の義務に関する審判事件（別表第一の84の項及び85の項並びに別表第二の１の項から３の項まで，９の項及び10の項の事項についての審判事件（同表の３の項の事項についての審判事件にあっては，子の監護に要する費用の分担に関する処分の審判事件に限る。）をいう。）について，扶養義務者（別表第一の84の項の事項についての審判事件にあっては，扶養義務者となるべき者）であって申立人でないもの又は扶養権利者（子の監護に要する費用の分担に関する処分の審判事件にあっては，子の監護者又は子）の住所（住所がない場合又は住所が知れない場合には，居所）が日本国内にあるときは，管轄権を有する。」と定めています。

つまり，申立人以外の扶養義務者又は扶養権利者の住所（住所がない場合又は住所が知れない場合には居所）が日本国内にあるときは，日本の裁判所が管轄を有するものとされています。また，養育費分担審判の場合の扶養権利者とは，子どもの監護者又は子どもであって，子どもの監護者又は子どもの住所が日本国内にあるときは，日本の裁判所が管轄を有するものとされています。したがって，扶養権利者である元妻の住所又は子どもの住所が日本国内にあるときは，日本の裁判所に養育費分担審判を申し立てることができます。

■注　記■

＊1　内野宗揮編著『一問一答・平成30年人事訴訟法・家事事件手続法等改正』（商事法務，2019年）149頁。

第 3 章

財産分与

Q 36 財産分与の本質

離婚した場合には，元夫婦の一方が他方に対して財産を分与するよう請求できると聞きました。どのような財産について，どの程度の分与を請求できるのでしょうか。

A

離婚した場合には，離婚の財産的効果として，一方が他方に財産分与を請求することができると民法に規定されています。財産分与には３つの要素（①清算的要素，②扶養的要素，③慰謝料的要素）があり，その一つの清算的要素については，夫婦共有財産については原則として２分の１ずつ分けることとし，過去の婚姻費用の清算もできるとされています。扶養的要素については，権利者の側の具体的な扶養必要性と義務者の側の具体的な扶養可能性に応じて，金銭的給付をすることになります。

☑ キーワード

清算，離婚後扶養，慰謝料

解　説

1 財産分与の条文

離婚した場合には，離婚の財産的効果として，一方が他方に財産分与を請求することができます（民768条・771条）。財産分与については，その法的性格についてどのように解すべきか議論がなされてきました。そして，通常は，①婚姻中に形成された財産関係の清算，②離婚後の他方配偶者の生活保障（離婚後扶養），③精神的苦痛に対する慰謝料，の3つが挙げられています。判例もこの3つの要素を含むことを明言しています☆[1]（具体的な判決文は，Q39の解説に引用していますので，Q39を参照してください）。

しかし，民法の条文自体は，財産分与がどのような法的性質を有しているのか，財産分与でどのような具体的請求をなし得るのか，財産分与の決定基準はどのようなものなのかなどの重要な点が明確にされていません。したがって，財産分与については，具体的な紛争を通じて判例が積み上げられることによって，その本質が定まることになっています。その重要な結果の一つが，前掲（☆2）最判昭46・7・23です。

2 財産分与の立法経緯

離婚に基づく財産分与制度は，昭和22（1947）年の民法改正によって設けられました。財産分与の規定については，委員会審議において女性委員による婚姻中取得財産の共有を前提に清算的要素を中心としたとされています*[1]。しかし，起草者であった我妻榮博士は，財産分与はもともと臨時法制審議会の改正要綱に定められた思想の発展とみることもできるとし，要綱は「離婚ニ依ル扶養義務」とし，離婚の後に一方が「将来生計ニ窮スルモノト認ムベキトキ」の救済，つまり，縁あって夫婦となった以上，たとえ別れるにしても，他方が路頭に迷うのを黙視すべきではないという思想に基づくものとも考えられていたと指摘しています*[2]。

したがって，財産分与については，前者の議論を重視すれば，清算的要素が中心となるものですし，後者の議論を重視すれば，扶養的要素が中心となるものです。その捉え方によって，財産分与の本質に温度差が生じてくることになります。財産分与の要素に関しては，それぞれについて詳細に検討してみたいと思います（Q41～Q43を参照）。

3 財産分与額の決定

先に述べたように，民法の条文は，どのような基準で財産分与額を定めるのかについて定めていません。この点についても，後で詳細に検討しますが（Q40を参照。），ここでは簡単に概略だけ述べておくこととします。

まず，清算的要素については，夫婦共有財産に関して，２分の１ルールが実務上の暗黙の基準になっています。ここで「暗黙の」というのは，平成８（1996）年の民法改正要綱で２分の１ルールを定めていたにもかかわらず，民法改正要綱自体が立法化されなかったためであり，実務上は，夫婦共有財産については，夫婦の財産形成に対する寄与度は夫婦半分ずつと判断する審判例が多くなっており，特別な事情がある場合には，寄与度割合を事情に応じて変更するという取扱いが主流になっていると思います。また，清算的要素については，共有財産の清算だけでなく，過去の婚姻費用についての清算も含むものと解されています。

次に，扶養的要素については，立法時の経緯で説明したように，離婚後の経済的支援の必要に応えるものになりますから，権利者の側の具体的な扶養必要性と義務者の側の具体的な扶養可能性に応じて，金銭的給付をすることになります。ただし，扶養的要素をどの程度斟酌すべきかについては，立法経緯でも争いがあったように現在でも学説の争いがあります。特に，婚姻中に形成された唯一の財産が自宅の土地建物であって，離婚時には財産価値を超える住宅ローンとそれを担保する抵当権が付されているというような場合，清算すべき財産は債務超過となりますが，それでも離婚後扶養的要素があるとして財産分与しなければならないかが争いになります。

判　例

☆１　最判昭46・７・23民集25巻５号805頁。

注　記

＊１　二宮周平編『新注釈民法(17)親族(1)』（有斐閣，2017年）396頁〔犬伏由子〕。

＊２　我妻榮『改正親族・相続法解説』（日本評論社，1949年）71頁。

Q 37 財産分与と夫婦財産制の関係

離婚した場合には，元夫婦の一方が他方に対して財産を分与するよう請求でき，夫婦が婚姻中に形成した共有財産について，清算することになると聞きました。私は専業主婦として，子育てに専念してきたため，婚姻中に取得した財産はすべて元夫名義になっています。自宅の土地建物もすべて元夫の名義なのですが，それでも自宅の土地建物について清算を請求できるのでしょうか。

A

離婚した場合には，離婚の財産的効果として，一方が他方に財産分与を請求することができると民法に規定されています（民768条・771条)。専業主婦であっても，家事労働をもって婚姻中の財産形成に寄与していると考えられますから，自宅の土地建物について清算を請求できるというべきだと思います。

☑ キーワード

妻の家事労働，実質的共有，民法改正要綱，２分の１ルール

解　説

1　夫婦財産制の考え方

民法762条は，１項で夫婦別産制を，２項で夫婦共有制を規定しています。

したがって，そのどちらに重点を置いて解釈するかによって，まったく正反対の結論を導くことにもなります。夫婦間での財産の帰属のあり方は，当事者間での問題にとどまらず，第三者との関係でも問題となるほか，不動産登記法制や税制とも重大な関連性をもつため，一律に解釈することは困難というのが実情です。

民法762条は，昭和22（1947）年に，夫権の支配性を否定し，妻の独立と平等を認めて，別産別管理制に改正しました。これが，妻の地位を向上させるために必要なプロセスであったことは誰も否定しないと思いますが，その後の高度経済成長期に表面化することとなった妻の家事労働という問題について，適切に評価されていないとの批判も生じることとなりました。

したがって，そこから別産が原則か共有が原則かという問題が提起されることとなるのですが，夫婦が共働き婚であるかそれとも専業主婦婚であるか，はたまた専業主夫婚であるかによって，別産を重視するのか共有を重視するのかという価値判断の分裂が生じることにもなります。そうだとすれば，この問題は，社会変動に即して今後も揺れ動き続けることとなると思われます。

2　学説の変遷

夫婦財産制の考え方に関する学説は，民法762条が成立してから現在に至るまで，様々に変遷してきました。

民法762条の起草者の一人である我妻榮博士は，民法762条について，「法定財産制は大修正を受け，夫婦の平等協力の原則に立つこととなった。そして，旧法の夫または女戸主の，配偶者の財産に対する使用収益権（旧799条，800条），及び，夫の妻の財産を管理する権利（旧801条～803条）に関する規定は，削除され，法定財産制は甚だ簡明なものとなった。（中略）この共有推定の規定は，離婚や相続の場合に，妻の地位を有利にする作用をなすであろう」＊1と指摘していました。

また，もう一人の起草者である中川善之助博士も，完全な別産制を採用して前近代的性格を徹底的に排除しようとしたのであり，夫だけが所得を得て婚姻費用も夫が全部負担することが多いであろうが，夫婦の経済力がこれとは逆の場合もあるし，そうした場合は増えてきているのみならず，夫婦とも生産活動に参加している場合も近来とみに増加してきたのが実情であるから，民法が抽象的に平等な取扱いを定めていることは正しいと評価していました＊2。

すなわち，昭和22（1947）年の民法改正直後には，基本的に夫婦各自の財産を保護し得る本当の意味での別産制を導入できたことを祝福していたわけです。

しかし，民法762条1項の「婚姻中自己の名で得た財産」という文言をそのまま形式的に解釈すると，専業主夫婚の場合には，夫のみが所得を得ており，夫名義の財産が夫の固有財産となって清算の対象ではなくなってしまいます。そうすると，妻の家事労働は，相続で法定相続分としてもらわない限り，一切分与されないこととなってしまうわけです。

そこで我妻榮博士は，次のような3分類説を提唱しました。「夫婦の財産の帰属には，およそ3種類のものがあるように思われる。第1は，名実ともに夫婦それぞれの所有のものであって，婚姻前から各自が所有したもの，婚姻中に一方が第三者を相続して取得したもの，それらの財産からの収益などは，明らかにこれに属する（中略）。第2は，名実ともに夫婦の共有（持分は平等）に属するものであって，共同生活に必要な家財・家具などは，夫婦の一方の収入または資産で購入したものもこれに属するとみるべきである。第3は，名義は夫婦の一方に属するが実質的には共有に属するとなすべきものであって，婚姻中に夫婦が協力して取得した住宅その他の不動産，共同生活の基金とされる預金，株券などで夫婦の一方の名義となっているものは，これに属するといいうるであろう。」そして，第3のものについては，「現在の経済取引の形式的画一性からいって，対外的には，原則として（何等かの目的で名義だけを貸した場合を除いて），その名義者の所有に属するものとして取り扱わなければならない。しかし，これらの財産は，夫婦が協力して取得し，共同生活の経済的基盤を構成するものだから，実質的な意味では共有に属するものとみなければならない。」＊3。

つまり，高度経済成長期を経て，専業主婦婚が増大すると，民法762条を形式的に解釈すると，非常に不平等な結果となってしまうため，当初は1項が原則で2項が例外という解釈を行っていたのを逆転させ，むしろ2項の共有制が原則で，1項の別産制が例外であるかのように解釈し直したわけです。

3　判例の解釈

学説は，上記のように変遷したのですが，判例は一貫して形式的な解釈を貫いてきました。

最高裁判例を見ておくと，上告人の元夫である被上告人が，上告人である元妻に対し，登記簿上上告人が所有名義人となっている土地について，その売買代金は被上告人の経営する旅館業の収益金から出捐したため，その土地は被上告人の所有であるとして，土地の所有権移転登記手続を求めたという事案において，最高裁は，「本件土地は被上告人が同人の経営にかかる旅館の収益金をもって自ら払下を受けたと認定判示して居り，右収益金が当事者のいずれに属するか明らかでないとは判示していないから，所論民法762条２項を本件に適用する余地はない。」と判示しています☆[1]。

また上告人が，被上告人国税局長に対し，被上告人がなした上告人の所得税に関する審査請求をした事件では，当該事業所得は妻の協力によって得られた所得であるから，妻と折半して別々に申告できるはずであり（二分二乗方式＝所得分割法。超過累進税率のもとでは，二分すれば低い税率が適用されることとなる），それを認めないですべて夫の所得として更正処分としたことが憲法24条に違反するとして，審査請求を棄却する決定の取消しを求めて提訴しました。最高裁は，「民法762条１項の規定をみると，夫婦の一方が婚姻中自己の名で得た財産はその特有財産とすると定められ，この規定は夫と妻の双方に平等に適用されるものであるばかりでなく，所論のいうように夫婦は一心同体であり一の協力体であって，配偶者の一方の財産取得に対しては他方が常に協力，寄与するものであるとしても，民法には，別に財産分与請求権，相続権ないし扶養請求権等の権利が規定されており，右夫婦相互の協力，寄与に対しては，これらの権利を行使することにより，結局において夫婦間に実質上の不平等が生じないよう立法上の配慮がなされているということができる。」と判断しています☆[2]。

したがって，判例は，実質的共有説を採用しておらず，夫婦別産制の原則を維持していることになりますが，「女性の社会進出が拡大して共稼ぎが増える中で夫婦別産制を再評価する動きもあり，最高裁判例は周回遅れで時代に適合しつつあるともいえる。」＊4という評価があてはまると思います。

4　現在の実務

しかしながら現在の実務では，民法762条をそれほど徹底して形式的に解釈しているわけではありません。平成8（1996）年の民法改正要綱では，清算的財産分与について，夫婦間で原則半分ずつとする2分の1ルールを定めていたにもかかわらず，その民法改正要綱自体が立法化されなかったため，実務上，夫婦の財産形成に対する寄与度は夫婦半分ずつと判断する審判例も多くなっており，特別な事情がある場合に，寄与度割合を事情に応じて変更するという取扱いが主流になっていると思います。

したがって，専業主婦であっても，家事労働をもって婚姻中の財産形成に寄与していると考えられますから，自宅の土地建物について清算を請求できるというべきだと思います。

■判　例■

☆1　最判昭34・7・14民集13巻7号1023頁。
☆2　最判昭36・9・6民集15巻8号2047頁。

■注　記■

＊1　我妻榮『改正親族・相続法解説』（日本評論社，1949年）64～66頁。
＊2　中川善之助『親族法(上)』（青林書院，1958年）238頁。
＊3　我妻榮『親族法』（有斐閣，1961年）102頁。
＊4　前田陽一ほか『民法Ⅵ　親族・相続〔第5版〕』（有斐閣，2019年）71頁〔前田陽一〕。

Q 38 財産分与と相続の関係

離婚した際，元夫婦の一方が他方に対して財産を分与するよう請求できると聞きましたが，離婚しないで死ぬまで添い遂げた場合には，財産は分与されないことになってしまうのでしょうか。もしそうだとすると離婚したほうが有利だという変な話になってしまいそうなのですが，離婚しなかった場合にはどうなるのでしょうか。

A

離婚した場合には，離婚の財産的効果として，一方が他方に財産分与を請求することができると民法に規定されています（民768条・771条）。財産分与の清算的要素として，夫婦共有財産については原則として２分の１ずつ分けることとしています。離婚しないで配偶者が死亡した場合には，生存配偶者は法定相続分として少なくとも２分の１の相続分を取得することになりますから，死亡による婚姻解消の場合には，相続分をもって清算することになります。死亡配偶者が遺言によって相続財産を遺贈などしていた場合には，少なくとも４分の１の遺留分が生存配偶者に保障されています。

☑ キーワード

配偶者相続権，法定相続分，配偶者控除の特例，遺留分侵害額，総体的遺留分，個別的遺留分

解　説

1　相続分の条文

離婚しないで配偶者が死亡した場合，生存配偶者は，「被相続人の配偶者は，常に相続人となる。」（民890条）と定められています。そして，配偶者の法定相続分は，子（孫などの代襲者を含みます）と配偶者が相続人であるときは，各２分の１ずつ，配偶者と直系尊属が相続人であるときは，配偶者が３分の２で直系尊属は３分の１，配偶者と兄弟姉妹が相続人であるときは，配偶者が４分の３で兄弟姉妹が４分の１となります（民900条１号～３号）。

2　配偶者相続分の意味

夫婦が離婚する際には，財産分与として夫婦が共同して形成してきた共有財産を清算することを請求することができます。それと同様に，離婚しないままで共有財産の名義を有している相手方配偶者が死亡した場合には，相続においてその潜在的共有持分の清算が行われると考えることになります。夫婦は，離婚しない限り，共同して形成してきた財産について，配偶者の潜在的共有持分が顕在化することはないのですから，死亡時に顕在化して相続分として清算されるという考え方には理由があり，配偶者の相続権が認められているのは当然のことだと考えられます。

もっとも，法定相続人には，生存配偶者だけでなく，血族相続人が含まれており，血族相続人がいる場合には，生存配偶者が死亡配偶者の共有持分をもらえない場合もあるともいえます。なぜなら，夫婦共有財産については２分の１の潜在的共有持分が認められるのだとすれば，子どもとの相続の場合における配偶者の法定相続分２分の１は，自分の持分を返してもらっただけで，死亡配偶者の共有持分を取得できるものではないことになるからです。直系尊属との相続の場合には，死亡配偶者の共有持分の６分の１をもらえることとなり，兄弟姉妹との相続の場合には，死亡配偶者の共有持分の４分１をもらえるという計算になります。

血族相続人には，多くの場合潜在的共有持分があるわけではなく（寄与分が認められる場合はあり得ます），血族相続人にも清算が必ず必要だとはまったくいえないはずで，血族相続人の法定相続分は被相続人死亡後の生活保障を目的としていることになります。

しかし，配偶者が死亡する前に，離婚しないで配偶者間で財産を分与した場合，財産を分与された配偶者には，贈与税が課税されてしまいます。潜在的共有持分があるからといって贈与には該当しないという主張は認められていません。もっとも，婚姻期間が20年以上の夫婦の間で，居住用不動産又は居住用不動産を取得するための金銭の贈与が行われた場合，基礎控除110万円のほかに最高2000万円まで控除（配偶者控除）できるという特例があります（相税21条の６）。名義人となっていない配偶者の潜在的共有持分は，離婚や相続の前であってもこの特例の範囲内では保障されていると評価することもできると思います。

3　遺留分の意味

遺留分制度の趣旨・目的については，一般に，遺族の生活保障や遺産の形成に貢献した遺族の潜在的持分の清算等が挙げられています。しかし，これらの点については，高齢化社会の進展に伴い，相続が開始した時点で相続人である子も既に経済的に独立していることが多く，その生活を遺留分によって保障する必要は少なくなってきたとの指摘や，核家族化等に伴って経済的に一体性を保つ家族が減少した結果，財産形成に対する相続人の寄与の割合が相対的に低下し，相続人が寄与した分を取り戻すという遺留分の機能が必ずしも必要ではなくなっているとの指摘もあるとされています。

確かに，遺族の生活保障という点に関しては，子どもの生活保障が必要な若年期の段階では，住宅ローンを含めて債務超過状態にあることも多く，遺留分自体が認められないことのほうが多いかもしれません。しかし，少なくとも未成熟の子がいるような場合の子どもの生活保障はいまだに重要だと思われます。

また，配偶者の実質的共有持分について，たとえ遺言が作成されたとしても，法的に確保して清算させるべきという趣旨・目的も重要だと思います。

現在の遺留分制度では，配偶者に実質的共有持分があるとしても，遺言が作成されて遺産が処分されてしまうと，直系尊属のみが相続人となるという例外的な場合を除く多くの場合，遺産の２分の１を総体的遺留分として確保できるだけであって，兄弟姉妹以外の他の血族相続人との間で個別的遺留分に割り振られると，実質的共有持分すら確保し得ないことになります。

遺言の自由と相続人の保護を調整するのは悩ましいと思います。一方で，被相続人が勝手な遺言を作成し，家族を裏切って愛人に全財産を遺贈してしまうのはどうかと思います。しかし他方で，被相続人と接触しようともしなかった子が被相続人の死亡した直後から遺留分侵害額を支払えというのもどうかと思います。そもそも明確な線を引きにくい問題について，法律は線を引かざるを得ないのですが，配偶者遺留分は，配偶者に対する実質的共有持分の保障にほかならないという側面を重視すべきだろうと思います。

Q 39 財産分与の決定

夫と離婚して財産分与を請求したいと思っています。財産分与はどのようにして決定されることになるのでしょうか。

A

財産分与の決定については，当事者間の協議か財産分与調停・審判で決定されることになりますし，離婚訴訟の附帯処分として決定することもあります。財産分与の決定には，財産分与の３つの要素，すなわち，清算的要素，扶養的要素，慰謝料的要素がありますが，財産分与の判断に関する明示方式には，一括型と個別型があり，一括型では諸事情を一括して認定して総合的に判断しますが，個別型では各要素の個別の考慮事情を検討して要素ごとに分与額を算定し合算します。何について判断し何について判断していないのかを明確にしておく必要がありますし，紛争の蒸し返しを予防する意味でも，個別合算方式のほうが妥当だろうと思います。

☑ キーワード

一括型，一括裁量〔総合算定〕方式，個別型，個別合算方式

解　説

1 財産分与の決定手続

財産分与の決定については，まずは当事者間で協議し（民768条１項），当事者

間で協議が調わなければ財産分与調停を申し立てることとなって，財産分与調停が成立しなければ，家庭裁判所に対して協議に代わる審判を求めることができ（同条２項），あるいは，離婚訴訟の附帯処分として財産分与に関する処分を申し立てることができます（人訴32条）。

2 財産分与の決定方式

財産分与の決定には，財産分与の３つの要素，すなわち，清算的要素，扶養的要素，慰謝料的要素のそれぞれにつき判断しなければなりません。

この点について最高裁判例は，「離婚における財産分与の制度は，夫婦が婚姻中に有していた実質上共同の財産を清算分配し，かつ，離婚後における一方の当事者の生計の維持をはかることを目的とするものであって，分与を請求するにあたりその相手方たる当事者が離婚につき有責の者であることを必要とはしないから，財産分与の請求権は，相手方の有責な行為によって離婚をやむなくされ精神的苦痛を被ったことに対する慰藉料の請求権とは，その性質を必ずしも同じくするものではない。したがって，すでに財産分与がなされたからといって，その後不法行為を理由として別途慰藉料の請求をすることは妨げられないというべきである。もっとも，裁判所が財産分与を命ずるかどうかならびに分与の額および方法を定めるについては，当事者双方におけるいっさいの事情を考慮すべきものであるから，分与の請求の相手方が離婚についての有責の配偶者であって，その有責行為により離婚に至らしめたことにつき請求者の被った精神的損害を賠償すべき義務を負うと認められるときには，右損害賠償のための給付をも含めて財産分与の額および方法を定めることもできると解すべきである。そして，財産分与として，右のように損害賠償の要素をも含めて給付がなされた場合には，さらに請求者が相手方の不法行為を理由に離婚そのものによる慰藉料の支払を請求したときに，その額を定めるにあたっては，右の趣旨において財産分与がなされている事情をも斟酌しなければならないのであり，このような財産分与によって請求者の精神的苦痛がすべて慰藉されたものと認められるときには，もはや重ねて慰藉料の請求を認容することはできないものと解すべきである。しかし，財産分与がなされても，それが損害賠償の要素を含めた趣旨とは解せられないか，そうでないとしても，その額および方法において，請求者の精神的苦痛を慰藉するには足りないと認められるものであるときには，すでに財産分与を得たという一事によって慰藉料請求権がすべて消滅するものではなく，別個に不法行為を理由として離婚による慰藉料を請求することを妨げられないものと解するのが相当である。」☆1と判断しています。

つまり，財産分与の決定方式については，「裁判所が財産分与を命ずるかどうかならびに分与の額および方法を定めるについては，当事者双方におけるいっさいの事情を考慮すべきものである」という抽象的な方式が述べられているだけです。確かに，財産分与の決定は，非訟事件として家庭裁判所の合理的裁量によって内容が決定されるべきものですから，一切の事情を総合的に勘案して相当な分与額を決定すべきものといえるでしょう。しかし，財産分与について，３つの要素があるとし，慰謝料に関しては訴訟事項として別途地方裁判所に訴えを提起できるとされているのですから，少なくとも３つの要素については，金額を明示すべきだろうと思います。

3　財産分与の明示方式

財産分与の判断に関する明示方式には，一括型と個別型があるとされています。一括型は，清算的要素，扶養的要素，さらには，慰謝料的要素に関する諸事情を一括して認定し，総合的に判断して財産分与額を決定する方法です（一括裁量〔総合算定〕方式）。個別型は，各要素を挙げて個別の考慮事情を検討し，要素ごとに分与額を算定し，それらを合算したものを財産分与額とする方法です（個別合算方式）＊1。

財産分与の決定に既判力が及ぶかどうかについては学説上の争いがありますが，慰謝料との関係では，上記最高裁判例が指摘しているように，何について判断し何について判断していないのかを明確にしておく必要がありますし，紛争の蒸し返しを予防する意味でも，個別合算方式の方が妥当だろうと思います。最近の実務では，個別合算方式が定着しつつあると指摘されているようです＊2。

判　例

☆1　最判昭46・7・23民集25巻5号805頁

注　記

＊1　二宮周平編『新注釈民法⒄親族⑴』（有斐閣，2017年）407頁〔犬伏由子〕。
＊2　二宮編・前掲（＊1）408頁〔犬伏〕。

Q 40 財産分与の決定基準

財産分与の決定には，清算的要素，扶養的要素，慰謝料的要素の３つがあると聞きましたし，最近の実務では，これらの要素を個別的に算定して合算する方式を採用するようになっていると聞きました。それぞれの要素では，どのような事情が考慮されているのでしょうか。

A

財産分与の判断に関する明示方式については，個別合算方式が定着しつつあるようですが，それぞれに必要な事情が考慮されます。必要な事情の基準時に関しては，３つの要素のうち，清算的要素では，長期間別居している事案などを考えると，別居時基準説が妥当し，扶養的要素や慰謝料的要素では，離婚時基準説が妥当するだろうと思います。

☑ キーワード

離婚時基準説，別居時基準説

解　説

1 清算的要素の考慮事項

清算的要素における対象財産は，婚姻中に形成された夫婦共有財産と過去の婚姻費用分です。各配偶者の固有財産は含みません。夫婦共有財産を形成した当事者の寄与度なども広く考慮することになります。過去の婚姻費用分では，現実に支出した婚姻費用額を考慮することになります。

対象財産の範囲を確定するための基準時は，最高裁判例は，離婚時基準説に立っていると解されています。最判昭34・２・19（民集13巻２号174頁）は，「民法771条によって裁判上の離婚に準用される同法768条３項は当事者双方がその協力によって得た財産の額その他一切の事情を考慮して，財産分与の額及び方法を定めると規定しているのであって，右にいう一切の事情とは当該訴訟の最終口頭弁論当時における当事者双方の財産状態の如きものも包含する趣旨と解するを相当とする」と判断しています。

しかし，清算的要素については，長期間別居した後の離婚の場合を考えると，夫婦が協力し合って共同で財産を形成させたとはいいがたいときも多いでしょうから，離婚時基準説は妥当ではないことが指摘されています。現在の実務は，別居時基準説を採用しているとされており＊1，これが妥当だろうと思います。別居時基準説が妥当だとすれば，別居後に形成された財産については，寄与度がないのですから，夫婦共有財産という清算の対象にはならないと解することになります。

2　扶養的要素の考慮事項

清算的要素における対象財産は，婚姻中に形成された夫婦共有財産だけでなく，相手方配偶者の特有財産も含みます。なぜなら，扶養的要素は，離婚後の相手方配偶者の扶養必要性と分与配偶者の扶養可能性を要件として発生する要素であって，特有財産を含む扶養可能性の検討が必要になるからです。

そうだとすれば，当事者の財産や資力を広く考慮して扶養的要素を決定することになります。

対象財産の範囲を確定するための基準時は，離婚時の扶養必要性と扶養可能性を検討しなければならないのですから，こちらは離婚時基準説が妥当だと思います。

3　慰謝料的要素の考慮事項

慰謝料的要素における対象財産も，すべての財産を含むことになります。慰謝料的要素の考慮事項には，不法行為請求の根拠となる具体的な違法行為の種類や態様，被害の程度などを広く斟酌しなければなりません。

対象財産の範囲を確定するための基準時は，離婚時の損害賠償義務の具体化にほかなりませんから，離婚時基準説が妥当だと思います。

注　記

＊１　二宮周平編『新注釈民法⒄親族⑴』（有斐閣，2017年）409頁〔犬伏由子〕。

Q 41 財産分与の清算的要素

財産分与の決定には，清算的要素があると聞きましたが，どのような財産について，どのような割合による清算を求めることができるのでしょうか。

A

夫婦協力関係の下で形成された財産は，双方の潜在的持分が存在しており，財産分与でそれが顕在化すると考えられ，別居時点を基準時点として，それまでに形成された財産を原則として２分の１ずつ分けるものと考えられています。ただし，特別事情があれば，寄与度による清算割合が決められることもあります。過去の婚姻費用分についても清算を請求することができます。

☑ キーワード

夫婦共有財産，２分の１ルール，寄与度，特別事情，職権探知主義，負の財産分与

解　説

1 清算的要素の内容

清算的要素については，夫婦協力関係の下で形成された財産は，双方の潜在的持分が存在しており，財産分与あるいは相続の場合にそれが顕在化すると考

えられます。潜在的持分割合をどのようにして定めるかについては，基本的には，財産形成に対する寄与度で決すべきですが，専業主婦の家事労働（特に育児）の寄与度は金銭による数量化にはなじまないと思います。

平成８（1996）年の民法改正要綱では，「当事者双方がその協力により財産を取得し，又は維持するについての各当事者の寄与の程度は，その異なることが明らかでないときは，相等しいものとする」という「２分の１ルール」を提案していました。この民法改正要綱は，いまだに立法化されていませんが，実務上は，夫婦共有財産について，夫婦の財産形成に対する寄与度は夫婦半分ずつと判断する審判例が多くなっています（**Q36**を参照）。

夫婦が別居している場合に，いつまでの財産が夫婦共有財産として２分の１ルールが適用されるのかについては，考え方に争いがありますが，現在の実務は，別居時基準説を採用していると解されています（**Q40**を参照）。別居時基準説が妥当だとすれば，別居後に形成された財産については，寄与度が存在しないのですから，清算の対象にはならないと解することになります。なお，後述する大阪高判平26・３・13も，「清算的財産分与は，別居時の財産を対象とし，時価評価すべきものがあれば，事実審の口頭弁論終結時をその基準時とするのが相当である」と判断しています。

清算的要素の内容としては，過去の婚姻費用分も請求できるとされています。過去の婚姻費用については，当然に審判事項として請求できると解すべきであり☆1，離婚時には財産分与の一要素として主張することができるとされています☆2。

2　清算的要素の性質

夫婦共有財産の清算については，本質的に非訟事件の性質を有しています。したがって，財産分与の申立てがなされれば，当事者間で協議が成立しない場合には，家庭裁判所が後見的判断によって審判で財産の分与を決定することになります。過去の婚姻費用分の清算も，もともと請求したからといって具体的な権利になるわけではなく，家庭裁判所の決定によって権利化されるのですから，これも非訟事件になります。

したがって，夫婦共有財産の清算についても，過去の婚姻費用分の清算についても，職権探知主義が適用されます。職権探知主義には２つの意義があると指定されており，①訴訟資料に基づく事実の確定の局面（いわば情報処理の局面）と②裁判所はいかにして訴訟資料を収集するかという局面（いわば情報収集の局面）の２局面を想定することができるとし，①の局面では当事者による歪曲に対して厳しい態度で臨みつつ，②の局面では裁判所が過剰な介入を控えつつ必要にして十分な解明を図るという観点からのより緻密な議論が要求されているとしています*1。当事者の権利を保障しつつ，家庭裁判所の後見的役割を全うするためには，この指摘はとても重要なものだと思います。

3　清算的要素の清算割合

清算的要素の清算割合については，基本的に夫婦間で平等なものとして，２分の１ルールが適用されるものと考えるべきです。もっとも，夫婦が形成した財産とはいえ，夫婦のそれぞれの寄与度がまったく異なる財産があることまでを否定すべきではありません。そうした場合の清算割合については，特別事情の立証・事実認定を前提として，特別事情に基づく寄与度割合を算定すべきでしょう。

例えば，大阪高判平26・３・13（判タ1411号177頁）では，「原則として，夫婦の寄与割合は各２分の１と解するのが相当であるが，例えば，《１》夫婦の一方が，スポーツ選手などのように，特殊な技能によって多額の収入を得る時期もあるが，加齢によって一定の時期以降は同一の職業遂行や高額な収入を維持し得なくなり，通常の労働者と比べて厳しい経済生活を余儀なくされるおそれのある職業に就いている場合など，高額の収入に将来の生活費を考慮したベースの賃金を前倒しで支払うことによって一定の生涯賃金を保障するような意味合いが含まれるなどの事情がある場合，《２》高額な収入の基礎となる特殊な技能が，婚姻届出前の本人の個人的な努力によっても形成されて，婚姻後もその才能や労力によって多額の財産が形成されたような場合などには，そうした事情を考慮して寄与割合を加算することをも許容しなければ，財産分与額の算定に際して個人の尊厳が確保されたことになるとはいいがたい。」という一般論を判示しています。

そして，当該事件については，「控訴人が医師の資格を獲得するまでの勉学等について婚姻届出前から個人的な努力をしてきたことや，医師の資格を有し，婚姻後にこれを活用し多くの労力を費やして高額の収入を得ていることを考慮して，控訴人の寄与割合を６割，被控訴人の寄与割合を４割とすることは合理性を有するが，被控訴人も家事や育児だけでなく診療所の経理も一部担当していたことを考えると，被控訴人の寄与割合をこれ以上減ずることは，上記の両性の本質的平等に照らして許容しがたい。」と判断しました。

これらの一般論と具体的な事件へのあてはめは，ともに参考になると思います。

4　負の財産分与の可否

財産分与については，債務の財産分与はあり得るのかという問題もあります。債務については，清算的財産分与にあたって考慮されることとなり，積極財産の価額から債務額を控除した残額を財産分与の対象とするという考え方が一般的だろうと思います。しかし，債務超過である場合に，さらに債務だけを財産分与の対象として，一方が他方に負担させる「負の財産分与」まで命ずることができるかという問題です。

この点については，従来の裁判実務においては，おおむね消極的であったとされています＊2。ただし，債務の財産分与ではありませんが，過去の債務の返済分について財産分与を認めた審判例☆3があります。この事件の事案は，相手方単独名義の建物に相手方を債務者とする住宅ローンの抵当権（被担保債権額は合計2890万円）が設定されている場合に，まだこれらの住宅ローン債権額が合計160万円程度しか減少しておらず資産価値はほとんどゼロであるオーバーローン状態にあるというものでした。

この事案について，水戸家裁龍ケ崎支部の審判は，建物の価額の半分を財産分与として請求することはできないというべきであるとしつつ，住宅ローンの返済について申立人が返済した合計額81万5233円の２分の１に当たる40万7616円は，申立人において支払ったものとして，その清算のために相手方から申立人に支払われるべきものとするのが相当であると判断しました。

■判　例■

☆1　最判昭40・6・30民集19巻4号1114頁。

☆2　最判昭53・11・14民集32巻8号1529頁。

☆3　水戸家龍ケ崎支審平9・10・7家月50巻11号86頁。

■注　記■

＊1　高田裕成「家庭裁判所における人事訴訟の課題」野田愛子総編集『新家族法実務大系第5巻　調停・審判・訴訟』（新日本法規，2008年）355頁。

＊2　松谷佳樹「財産分与と債務」松原正明＝道垣内弘人編『家事事件の理論と実務第1巻』（勁草書房，2016年）106頁。

Q42 財産分与の扶養的要素

財産分与額の決定には，扶養的要素があると聞きましたが，どのような請求ができるのでしょうか。

A

最高裁の判例では，「離婚における財産分与の制度は，夫婦が婚姻中に有していた実質上共同の財産を清算分配し，かつ，離婚後における一方の当事者の生計の維持をはかることを目的とする」として，離婚後の生計維持のために経済的給付をなすことを認めています。もっとも，扶養的要素については，清算的要素と慰謝料的要素による分与がなされてもなお生計を維持するに足りない場合に認められる「補充的性格」を有しているとされ，その金額も極めて低額になっていると指摘されています。

☑ キーワード

離婚後扶養，補充的性格，離婚後補償，債務超過

解　説

1 扶養的要素の内容

扶養的要素については，財産分与制度の立法過程から議論があり，それ以前の大正時代の民法改正要綱では，清算的要素よりもむしろ扶養的要素を中心と

して議論がなされていました（Q36を参照）。

最高裁の判例は，「離婚における財産分与の制度は，夫婦が婚姻中に有していた実質上共同の財産を清算分配し，かつ，離婚後における一方の当事者の生計の維持をはかることを目的とする」☆1というように，清算的要素と扶養的要素を併記するものです。

したがって，財産分与においては，離婚後の生計の維持を図ることを目的として，一定の経済的給付がなされることが認められています。

2 扶養的要素の性質

離婚後扶養については，本来であれば，離婚によって婚姻契約から生ずる夫婦間の扶助義務は消滅するはずですから，離婚後扶養の理論的説明は困難です。従来からの通説的な考え方は，婚姻の予後的効力として夫婦間の扶助義務が形を変えて残存するというものだと思います。

そうだとすれば，財産分与における扶養的要素は，扶養義務としての性質を有していることになりますから，その発生要件としては，扶養権利者の扶養必要性と扶養義務者の扶養可能性を満たすことが必要となります。したがって，財産分与の判断においては，清算的要素と慰謝料的要素による分与がなされてもなお生計を維持するに足りないという扶養必要性が認められることが前提となり，「補充的性格」を有していることとなります＊1。

最近は，離婚後扶養という言い方でなく，離婚後補償という言い方もなされています。離婚が成立したとはいえ，婚姻によって形成された生活形態から自立していくためには，経済的補償が不可欠なのですから，婚姻の予後的効力あるいは婚姻契約に基づく事後的責任として，離婚後補償を要すると解すべきだと思います。もっとも，どの程度の経済的な補償を要するかについては，離婚後の権利者の補償必要性と義務者の補償可能性とを総合考慮しなければならないと思います。

裁判所で認められる扶養的要素の金額は，極めて低額になっていると指摘されており＊2，「裁判所の認めている扶養料は大部分，少額の一時金であり，妻の再婚や死亡までの生活の安定を保障する給付ではなく，離婚という突発的な生活の危機にとりあえず対処するための手当に過ぎない。」と指摘されています＊3。しかし，離婚後の母子貧困という実態に照らして，財産分与における扶養的要素もみなしていくべきではないかと思います。

3　債務超過の場合の扶養的要素

財産分与の給付義務者が債務超過である場合であっても，離婚後扶養の請求をなし得るのかが問題になります。財産分与の３つの要素は一体として財産分与請求権を構成すると考えるのか，それとも，３つの要素はそれぞれ独立して財産分与請求権を構成すると考えるのかによって，結論が異なってくる可能性があります。

３つの要素が一体として財産分与請求権を構成すると考えるならば，債務超過にある場合に債権者に優先して他方配偶者に経済的給付がなされるのは妥当でないことになりそうです。しかし，３つの要素がそれぞれ独立して財産分与請求権を構成すると考えるならば，債務超過にある場合であっても，離婚後補償はなされるべきだという結論があり得ると思います。

もっとも，離婚後補償請求権の発生要件は，権利者の補償必要性と義務者の補償可能性であると考えるならば，債務超過にある場合には，権利者の補償必要性はあっても義務者の補償可能性がないという判断になり得るはずですから，少なくとも理論的には債務超過の場合の離婚後補償請求権は発生し得ないという結論になりそうです。ただし，離婚後の母子貧困の予防という政策的要請によって離婚後補償を認めるべきだという議論はあり得ると思います。

判　例

☆１　最判昭46・７・23民集25巻５号805頁。

注　記

＊１　大津千明『離婚給付に関する実証的研究』（日本評論社，1990年）158頁。

＊2　大津・前掲（＊1）161頁以下。

＊3　鈴木眞次『離婚給付の決定基準』（弘文堂，1992年）42頁。

Q 43 財産分与の慰謝料的要素

財産分与の決定は，慰謝料的要素を含めて考えることができると聞きました。しかし，慰謝料的要素は，他の清算的要素や扶養的要素とは，かなり違う性格のものではないかと思います。どうして慰謝料的要素を財産分与で請求できるのでしょうか。

A

慰謝料的要素は，財産分与の他の要素が家事審判の対象であるのに対し，民事訴訟の対象ですし，家事審判は家庭裁判所が管轄を有するのに対し，民事訴訟は地方裁判所が管轄を有しています。また，財産分与の消滅時効期間は，離婚時から２年であるのに対し，不法行為に基づく損害賠償請求権の消滅時効期間は，被害者又はその法定代理人が損害及び加害者を知った時から３年もしくは不法行為時から20年です。したがって，他の要素とはかなり異なっていますが，紛争の柔軟な一回的解決を図るという意味では，慰謝料を財産分与請求できることがむしろ望ましいと思います。

☑ キーワード

家事審判，民事訴訟，消滅時効，紛争の一回的解決

解　説

1 慰謝料的要素の内容

慰謝料については,「離婚自体による慰謝料」という考え方は，離婚が違法でない以上認めるべきでないとの批判があります。確かに，離婚することは違法でも何でもないのですから，離婚しただけで不法行為が成立するはずはなく,「離婚自体による慰謝料」という考え方は理論的に説明がつかないだろうと思います。ただし，離婚させることを意図してその婚姻関係に対する不当な干渉をするなどし，離婚のやむなきに至らしめたというような特段の事情がある場合には，そのような行為が第三者による不法行為に該当する可能性があります☆1。

しかし,「離婚原因による慰謝料」については，例えば，婚姻中に著しいドメスティック・バイオレンスがあったなど，離婚原因が不法行為の要件を満たしている限り，夫婦間であっても不法行為は成立しますから，理論的に認められるものです。

もっとも，具体的な違法行為があった時から既に消滅時効期間３年を経過している場合もあるのではないかという問題があります。この点について最高裁判例は，相手方の有責行為により離婚をやむなくされ精神的苦痛を被ったことを理由として慰謝料を請求する場合,「このような損害は，離婚が成立してはじめて評価されるものであるから，個別の違法行為がありまたは婚姻関係が客観的に破綻したとしても，離婚の成否がいまだ確定しない間であるのに右の損害を知りえたものとすることは相当でなく，相手方が有責と判断されて離婚を命ずる判決が確定するなど，離婚が成立したときにはじめて，離婚に至らしめた相手方の行為が不法行為であることを知り，かつ，損害の発生を確実に知ったこととなるものと解するのが相当である。」と判示して，離婚成立時から消滅時効が進行するとしました☆2。

2　慰謝料請求権の性質

慰謝料的要素は，財産分与の他の要素（共有財産の清算，離婚後扶養）の請求が非訟事件で家事審判の対象であるのに対し，不法行為に基づく損害賠償請求という訴訟事項で民事訴訟の対象です。家事審判事件については家庭裁判所が管轄を有するのに対し，民事訴訟事件については地方裁判所が管轄を有しています。

また，財産分与請求権の消滅時効期間は，離婚時から２年であるのに対し（民768条２項），不法行為に基づく損害賠償請求権の消滅時効期間は，被害者又はその法定代理人が損害及び加害者を知った時から３年もしくは不法行為時から20年で（民724条），権利行使が可能な期間も異なっています。このように，両請求権は，法的に相当異なる側面を有しているわけです。したがって，この慰謝料請求の要素を財産分与の中に含めていいのかという問題があります。

3　慰謝料的要素を認める根拠

財産分与請求権と不法行為に基づく損害賠償請求権とは，理論的にも現実的にも性質の異なる権利であることに異論はありませんが，慰謝料請求の補充的な特質を活かして，紛争の柔軟な一回的解決を図るという意味では，慰謝料を含めて財産分与請求できることがむしろ望ましいのではないかと思います。

つまり，ある夫婦が離婚した後に，一方の配偶者が他方の配偶者に対して，共有財産の清算と離婚後扶養を請求するために，家庭裁判所に財産分与の調停・審判を申し立てたものの，婚姻中の暴力行為に対する慰謝料も請求したいという場合には，改めて地方裁判所に民事訴訟を提起しなければならなくなってしまうと，かなり面倒ですし，心理的には泣き寝入りせざるを得なくなることもあり得ます。したがって慰謝料的要素につき，財産分与として請求できるとすることには理由があると思います。

しかし，それは，当事者の便宜のために，財産分与に慰謝料を含めて請求することができるというだけであって，財産分与請求には慰謝料を含めなければならないということではありません。したがって，慰謝料を財産分与に含めて請求していなかった場合には，財産分与の審判がなされた後であっても，後日別個に不法行為を理由として地方裁判所に慰謝料請求訴訟を提起することができます☆3。

■判　例■

☆１　最判平31・２・19民集73巻２号187頁。

☆２　最判昭46・７・23民集25巻５号805頁。
☆３　前掲（☆２）最判昭46・７・23。

Q 44 財産分与と特有財産

夫と結婚して数年になりますが，結婚後に父が亡くなり，父が持っていた土地を相続しました。このたび夫と離婚することになったのですが，私が父から相続した土地も財産分与の対象になるのでしょうか。

A

民法762条１項では夫婦別産制を，２項では夫婦共有制を定めていることになりますが，相続という取得原因によって婚姻中に自己の名で得た財産は，問題なく特有財産となりますから，共有財産となることはありません。したがって，財産分与の清算的要素のうち，共有財産の清算という要素に関しては，特有財産は一切考慮されません。しかし，過去の婚姻費用の清算という要素に関して，又は，慰謝料的要素もしくは扶養的要素に関しては，特有財産を原資として考慮する場合があります。

☑ キーワード

夫婦財産制，特有財産，共有財産，清算的要素，扶養的要素

解　説

1　夫婦財産制の考え方

民法762条１項は，「夫婦の一方が婚姻前から有する財産及び婚姻中自己の名で得た財産は，その特有財産（夫婦の一方が単独で有する財産をいう。）とす

る。」と定め，同条２項は，「夫婦のいずれに属するか明らかでない財産は，その共有に属するものと推定する。」と定めています。つまり，民法762条１項では夫婦別産制を，２項では夫婦共有制を定めていることになりますが，そのどちらを原則として解釈すべきなのかという考え方についての変遷がありました（Q37を参照）。

いずれにしても，民法762条１項は，「夫婦の一方が単独で有する財産」を「特有財産」と呼んでおり，この特有財産にはどのような財産が含まれるのかが問題となります。明治民法の下では，「夫の財産」しかなく，「妻の特有財産」はごく例外的に認められただけでしたので（明治民法807条１項），「妻の財産」が確立した以上，「特有財産」という用語は，もはや廃語にしてよいという意見もあったくらいです＊1。その意見によれば，「特有財産」とは，「共有財産」ではないという程度の意味しかないこととなると思います。

ただし，夫婦別産制が原則なのか夫婦共有制が原則なのかが問題となるにしても，民法762条１項は，「婚姻前から有する財産」と「婚姻中自己の名で得た財産」は，「特有財産」であって，それが明確でない場合に，同条２項で共有と推定されることになっています。したがって，相続という取得原因によって婚姻中に自己の名で得た財産は，問題なく特有財産となりますから，共有財産となることはありません。問題となるのは，夫の給与に基づく売買という取得原因によって婚姻中に夫の名で得た財産は，「実質的共有財産」といえるのかどうかということになります（Q37を参照）。

2　特有財差と財産分与の清算的要素

次に，特有財産は，財産分与において，どのように扱われるのかが問題となります。財産分与の清算的要素については，民法762条２項によって夫婦共有とされた財産を清算することと，婚姻中分担すべきであるにもかかわらず一方のみが負担してきた婚姻費用を清算することがその内容とされています（Q40及びQ41を参照）。

したがって，財産分与の清算的要素のうち，夫婦共有財産の清算という側面に関しては，特有財産は一切考慮されません。しかし，過去の婚姻費用の清算という側面に関しては，婚姻費用を負担していなかった側の特有財産を原資として分担すべき婚姻費用分を支払う義務を負う可能性があります。

3 特有財産と財産分与の扶養的要素

財産分与の清算的要素に関しては，婚姻中に形成された夫婦共有財産をその原資とするだけでなく，相手方配偶者の特有財産もその原資として含みます。なぜなら，扶養的要素は，離婚後の相手方配偶者の扶養必要性と分与配偶者の扶養可能性を要件として発生する要素なのですから，離婚後の扶養義務を負うべき側について，特有財産を含む財産状態に照らして，扶養可能性があるかどうかという検討が必要になるからです。

財産分与において，上記のような清算的要素がなく，一方の特有財産は存している場合，他方への慰謝料的要素又は扶養的要素の原資として，その特有財産を対象とすることはあり得ると思います。ただし，財産分与において清算すべき財産がなく，離婚後の扶養義務を負う側が債務超過に陥っている場合には，そもそも扶養可能性がないと考えられますから，扶養的要素が認められることは理論的にはないと思います（Q42を参照）。

注　記

＊１　我妻榮＝立石芳枝『法律学大系コンメンタール篇４親族法・相続法』（日本評論新社，1952年）118頁。

Q 45 財産分与と年金分割

夫と結婚して数年になりますが，私は専業主婦だったため，自分では年金に入っていません。しかし，今後の長く続く老後のことを考えると，離婚する場合には，夫の年金を分けてもらえないかと思っています。そのようなことができるのでしょうか。

A

年金法は，夫婦単位で老後の生活保障を図るように制度設計されていることから，離婚後の夫の年金が夫の生活保障のみにあてられるとすると，専業主婦であった妻の老後には不安が生じてきます。そこで年金法が改正され，専業主婦であった妻は，離婚時に請求することによって年金額を50%に分割できる制度が創設されています。

☑ キーワード

公的年金制度，離婚時年金分割制度

解　説

1 公的年金制度の考え方

公的年金制度は，老齢・障がい・家計維持者の死亡といった社会的事故の発生に際し，生活保障が必要な人に所得保障を行う制度です。日本の公的年金制度は，社会保険方式を採用しており，現役世代が支払う保険料を現在の高齢者等の年金にあてる世代間扶養の考え方を取り入れています。

しかしながら，年金法は，基本的に世帯単位（夫婦単位）で老後の生活保障を図るように制度設計されていることから，婚姻夫婦が離婚した場合，離婚後の夫の年金が夫の生活保障のみにあてられるとすると，離婚後の妻の生活は極めて脆弱なものとなってしまいます。また，もともと男性の所得と女性の所得には賃金格差や所得課税制の影響もあって，夫婦の受給し得る年金額に大きな格差もあります。

そうすると，離婚する場合に，財産分与において年金を考慮することができないかどうかが問題となりましたが，たとえ夫婦間で年金の分割を決めたとしても，年金法で年金の譲渡処分が禁止されていたため，年金受給権が自己にあることを主張できない危険性があり，離婚する場合の妻の年金権としては極めて弱いものでした。

2　離婚時年金分割制度

そこで，平成16（2004）年に年金制度が改正され，離婚時年金分割制度が導入されることとなりました。平成19（2007）年４月１日以降に離婚が成立した場合，当事者間の合意又は裁判所の決定によって，厚生年金の標準報酬の改定又は決定の請求をすること及び請求すべき按分割合を決めることができるようになっています（厚年78条の２）。この按分割合は当事者の合意又は裁判所の決定によることとなりますが，50％と定める裁判例が多いようです。

また，平成20（2008）年４月１日以降に離婚が成立した場合，第３号被保険者（いわゆる専業主婦）であった期間については，標準報酬の改定及び決定を請求することができ，特定期間に係る被保険者期間の各月ごとに，当該特定被保険者及び被扶養配偶者の標準報酬月額を当該特定被保険者の標準報酬月額に２分の１を乗じて得た額にそれぞれ改定及び決定することができるとされました（厚年78条の14）。

つまり，合意によって分割できる年金の上限を50％として按分割合を決められる制度と，被扶養配偶者の請求によって年金額を50％に分割する制度が創設されたことになります。

Q46 財産分与と除斥期間

離婚したのですが，元夫と財産分与についてはまだ話し合っていません。あまりほうっておくと権利を失ってしまうから気をつけるように言われたのですが，どれくらいの期間であれば，財産分与の請求をすることができるのでしょうか。

A

民法768条２項ただし書は，財産分与は，離婚時から２年を経過したら請求できなくなるという趣旨を規定しています。この２年間は除斥期間と考えられており，離婚時から２年を経過してしまうと財産分与請求権が消滅してしまいますから，財産分与請求権を行使できるのは，離婚時から２年間ということになります。

☑ キーワード

除斥期間，消滅時効，更新，完成猶予，援用

解　説

1　財産分与請求権の規定

民法768条２項は，「前項の規定による財産の分与について，当事者間に協議が調わないとき，又は協議をすることができないときは，当事者は，家庭裁判所に対して協議に代わる処分を請求することができる。ただし，離婚の時から

２年を経過したときは，この限りでない。」と定めています。

夫婦が離婚した場合，当事者の一方は他方に対して財産分与の協議を求めることができ，協議できないときには，家庭裁判所に財産分与の調停・審判を申し立てることができますが，それは，離婚時から２年間だけとされていることになります。

2 期間制限の意味

財産分与に関する２年間という期間制限については，一般に，除斥期間と解されています。最高裁決定でも，抗告人が，相手方に対し，協議離婚した日から２年以上経過した後に，２年は消滅時効期間であるとして財産分与を申し立てたところ，家裁は財産分与請求権の行使期間は除斥期間と解すべきであるとして申立てを却下し，即時抗告も棄却されたため，最高裁に許可抗告を申し立てた事案で，抗告を棄却した事例があります☆1。

除斥期間という概念は，民法の規定上はありません。除斥期間とは，一定期間内に権利行使しないとその権利が消滅するものとして，期間が設定されているものを指しています。消滅時効では，更新や完成猶予という制度がありますが（民147条～161条），除斥期間ではそのような制度がなく，期間の経過で自動的に権利が消滅するという違いがあります。また，時効は援用が必要とされていますが（民145条），除斥期間では援用を要しないとされています。

除斥期間をそのような性質のものだとすると，期間の経過自体は客観的に明らかであるため，当事者が主張立証する必要もないことになってしまいます。当事者の主張立証の必要がないとなると，除斥期間が経過したと主張したとしても，それが信義則違反や権利濫用となることも論理的にあり得ないことにもなってしまいます☆2。

しかしそれでは不都合が生じると思います。もともと法的安定性を図るために考えられた概念なのですから，当事者がそれを使おうが使うまいが自由だし，姑息な手段を使って時間かせぎをしたような場合にまで信義則違反や権利濫用の反論が認められないのはおかしいと思います。せめて信義則違反や権利濫用という反論は認められるべきでしょう。確かに民法768条２項には，時効だという表現もないのですが，あまり形式的に考える問題ではないだろうと思います。

■判　例■

☆1　最決平17・3・8家月57巻6号162頁。

☆2　最判平元・12・21民集43巻12号2209頁。

Q 47 財産分与と債権者代位権

離婚をして，財産分与についてはまだ話し合っていませんでしたが，元夫が婚姻中に購入した不動産を友人に譲渡してしまいました。この譲渡は，私からの財産分与請求を否定するために，友人の名義を借りただけのようです。その友人もひどいことをしていると思いますので，この友人に対して元夫に登記名義を戻すようにというような請求はできるのでしょうか。

A

判例では，不確定の財産分与請求権を被保全債権として，債権者代位権の行使に基づく所有権移転登記抹消登記手続請求は認められないとされています。したがって，いきなり友人に対して不動産の登記名義を元夫に戻すようにという請求はできないことになります。ただし，友人に対して処分禁止の仮処分等をしておき，財産分与が確定してから，元夫に登記名義を戻すようにという請求はなし得ると思います。

☑ キーワード

債権者代位権，被保全債権，責任財産保全，処分禁止の仮処分

解　説

1 債権者代位権が問題となる局面

財産分与請求権を保全するために債権者代位権を行使し得るかという問題に

は，２つの局面があると思います。まず，離婚当事者（例えば元妻）の債権者が，財産分与を請求しない無資力の債務者（元妻）を代位して，相手方の離婚当事者（元夫）に対して財産分与請求権を行使し得るかという局面があります。

この局面については，財産分与を請求する側の債務者（元妻）が元夫に対して財産分与請求権を行使していないにもかかわらず，元妻の債権者がそこに介入して，元夫に対して元妻に代わって財産分与するようにと言えることを認めるべきかどうかが問題になります。債権者がそのような権利関係に介入して自己の債権回収を図れると考えるのは，過大な期待にすぎないというべきでしょう。したがって，このような場合には債権者代位権を行使できないと解すべきです。

次に，離婚当事者の一方（例えば元妻）が，無資力となった他方当事者（元夫）に対する財産分与請求権を被保全債権として，他方当事者（元夫）が財産分与の対象財産を処分した第三者に対する返還権利を代位行使し得るかという局面があります。

この局面については，判例は，協議・審判等によって財産分与請求権の具体的内容が形成される以前には，その範囲・内容が不確定であるから，財産分与請求権を保全するために代位権を行使することができないと判断しています☆1。したがって，このような場合にも，不確定の財産分与請求権を被保全債権として債権者代位権を行使することはできないことになります。判例がなぜこのような判断をしているかについては，次に述べることにします。

2　財産分与請求権を被保全債権とする債権者代位権の判例

上記最高裁判例の事案は，次のようなものでした。元夫は元妻の家に婿入りして結婚しましたが，離婚による財産分与及び慰謝料請求に関する調停中，元妻の名義になっていた不動産につき，元妻らが元妻の母に名義を移転させたため，元妻に対して，当該不動産が元妻の所有であることの確認を，また元妻の母に対して，元妻に対する財産分与請求権を被保全債権として所有権移転登記請求権の代位行使によって，元妻の母に対する所有権移転登記抹消登記手続などを請求したというものです。

このような事件につき，最高裁は，「離婚によって生ずることあるべき財産分与請求権は，一個の私権たる性格を有するものではあるが，協議あるいは審判等によって具体的内容が形成されるまでは，その範囲及び内容が不確定・不明確であるから，かかる財産分与請求権を保全するために債権者代位権を行使することはできないものと解するのが相当である。」と判断して，財産分与請求権を被保全債権とする債権者代位権行使に関する元夫の請求を却下しました。

しかし，元妻だけでなく，名義移転された元妻の母も共同被告とされていますし，債権者代位権の実現という面でも，元妻の名義に戻す（元妻の母の登記名義の抹消）だけですから，必ずしも財産分与請求権が確定していなくても不都合がない事案であったように思えます。

3　財産分与と責任財産保全の考え方

上記最高裁判例のような判断は少し厳しすぎるかもしれません。もっとも，本件事案を離れた一般的な考え方としては，財産分与請求権を被保全債権とする債権者代位権の行使プロセスを考えると，離婚の他方当事者が無資力であるからといって，直ちに債権者代位権を行使して相手方の責任財産を保全できるとしてしまうと，離婚の相手方が必ず訴訟当事者になるわけではなく，離婚の相手方から財産を譲り受けた第三者が被告になり，離婚の相手方である当事者は，訴訟告知を受けて訴訟参加できる権利を有するにすぎません（民423条の６）。

そうだとすれば，離婚の相手方当事者が参加することもなく，第三者に対していきなり財産分与請求権に基づく保全措置をなし得るのもいきすぎだろうと思います。登記名義を戻すだけであればそれほど支障はないかもしれませんが，金銭請求の場合には直接第三者から取り立てることができるようになりますから（民423条の５），不都合が生じると思います。

したがって，財産分与にあたっては，名義を有しない配偶者にも潜在的共有持分権があることを認めるべきであるとはいえ，具体的な財産分与は夫婦関係の実態に照らして判断されなければならず，他人である債権者や第三者との間で解決できるものではないというべきです。そうだとすると，債権者代位権は，財産分与の内容が確定した後でなければ行使できないこととするのもやむを得ないと思います。

それでは，財産分与が未確定の間は，責任財産の保全はできないのかが問題となりますが，民事保全法あるいは家事事件手続法（審判前の保全処分）に基づいて，保全措置をとることは可能だと思います。上記判例のような場合，第三者である元妻の母に対して処分禁止の仮処分をしておき，元妻との間で財産分与が確定した後に，元妻の母に対して，元妻の所有権移転登記抹消登記手続請求権を代位行使することは可能だろうと思います。

なお，既に財産分与が確定しているにもかかわらず，財産分与の対象財産を相手方が処分して無資力となった場合には，確定した財産分与請求権を被保全債権として債権者代位権の行使が認められるのは当然でしょう。

■判　例■

☆1　最判昭55・7・11民集34巻4号628頁。

Q 48　財産分与と詐害行為取消権

私には多くの借金があり，とても全額を返済することができなくなりました。私の妻は，私の借金については保証人等になっておりませんし，その借金は日常家事に関する借金ではありません。私の妻には，私の借金を負わせたくないので，離婚して妻に財産を分与し，妻には負担をかけないようにしておきたいと思っています。妻と離婚して妻に財産を分与した場合，私の債権者は，妻に対して何らかの請求ができることがあるのでしょうか。

A

離婚に伴う財産分与は，民法768条３項が一切の事情を考慮すべきとしている趣旨から，特段の事情のない限り，詐害行為の対象とならないとされています。しかし，同項の規定の趣旨に反して不相当に過大であり，財産分与に仮託してされた財産処分であると認めるに足りるような特段の事情があるときには，財産分与全体ではなく，不相当に過大な部分について，その限度において詐害行為として取り消されるべきものと解するのが相当であるとされています。したがって，妻への財産分与が不相当に過大で財産分与に仮託してなされたと判断される場合には，不相当に過大な部分について債権者が詐害行為として取り消し，その分の価額を支払え（償還せよ）と請求することができることになります。

☑ キーワード

詐害行為取消権，不相当に過大な分与，仮託された財産処分，価額の償還

解　説

1　財産分与と詐害行為取消権の考え方

詐害行為取消権は，財産権を目的としない行為については行使することができません（民424条２項）。そうすると，財産分与は，離婚に伴って発生する財産的請求権ですから，詐害行為取消権の対象となり得るはずです。しかし，財産分与するかどうかは離婚当事者の自治に委ねられるべきで，安易に債権者等の介入を認めるべきものではありませんから，単純に財産分与を詐害行為取消権の対象とし得るとすることには問題があります。

詐害行為取消権は，債務者の責任財産を減少させる行為を取り消して責任財産から逸失した財産を取り戻す制度です。これを財産分与にあてはめると，財産を分与する側の離婚当事者の債権者が自己の債権回収の原資であった財産について，離婚に基づく財産分与によって離婚の相手方に移転してしまった場合に取り戻せるかという問題になります。

例えば，あてにしていた元夫名義の責任財産が財産分与として元妻に譲渡されてしまい，元夫が無資力になってしまうと，元夫の債権者は自己の債権を回収できなくなる危険があります。元夫が「債権者に取られるくらいなら」と考えて元妻に分与された財産は，元夫の責任財産に戻されても仕方ないはずです。しかし，婚姻中に形成された財産は，もともと元妻も元夫名義の財産に関して潜在的共有持分を持っているのだとすると，元夫の債権者がその名義の財産全部をあてにしていたというのは過大な期待であって保護に値しないともいい得ることになります。したがって，元妻の潜在的共有持分に及ばない限りで債権者を保護する必要があるといえるでしょう。

2　財産分与と詐害行為取消権の調整方法

それでは，債権者保護と妻への分与とのバランスをどのようにとればいいのでしょうか。この点について判例は，財産分与は，民法768条３項が一切の事情を考慮すべきとしている趣旨から，特段の事情のない限り，詐害行為の対象とならないと判断しています☆1。夫婦の一方に対する債権者の権利の効力は，他方の財産分与の清算（潜在的共有持分の顕在化）にまで及ぶはずはありません。したがって，一般論としてはそのようにいえますが，そうすると，財産分与に名を借りて，執行逃れのための財産隠しをすることも簡単になってしまいます。

したがって，原則はそのように解するとしても，詐害行為取消権を行使し得る例外的な場合のことを念頭に置くべきです。その例外的な場合が「特段の事情」がある場合になります。判例は，その「特段の事情」がある場合について，「民法768条３項の規定の趣旨に反して不相当に過大であり，財産分与に仮託してされた財産処分であると認めるに足りるような特段の事情」があるときには，財産分与全体ではなく，「不相当に過大な部分について，その限度において詐害行為として取り消されるべきものと解するのが相当である。」と判断しています☆2。極めて妥当な判断といえると思います。

そのように過大な財産分与を詐害行為として取り消す場合，債権者は，離婚によって財産分与を受けた受益者に対し，財産の返還を請求することができますが，取消しの対象となるのは不相当に過大な部分だけですから，価額の償還を請求することになります（民424条の６第１項）。

■判　例■

☆１　最判昭58・12・19民集37巻10号1532頁。
☆２　最判平12・３・９民集54巻３号1013頁。

Q 49 財産分与と所得税課税

夫と離婚するにあたって，財産分与で一緒に暮らしてきた土地建物をもらうことにしたのですが，私には贈与税が課税されることになるのでしょうか。もし課税されるのであれば，不動産自体ではなく，不動産を売却した代金を現金でもらったほうがいいのでしょうか。

A

不動産を財産分与する場合，財産分与をする側には，譲渡所得税が課税されます。したがって，財産分与を受ける側には，贈与税は課税されません。不動産を売却して現金を分与するならば，不動産を売却処分した時点で譲渡所得税が発生し，譲渡所得税を納付した後の残金を現金で分与することになりますから，税額分だけ減少してしまうことになります。

☑ キーワード

譲渡所得税，贈与税，夫婦財産制，動機の錯誤

解　説

1 財産分与と所得税の考え方

離婚に伴って，不動産を財産分与する場合に最も問題となり，実務家が注意しておかなければならないことは，分与配偶者への課税問題だと思います。分

与請求配偶者には，贈与税は課されないこととなっていますが（相続税基本通達９－８），逆に，分与配偶者に譲渡所得税が課税されるとされています☆1。

つまり，夫婦が離婚するにあたって，婚姻中に形成されたものの，夫名義になっている不動産を妻に財産分与することとした場合，不動産をもらった妻には贈与税は課税されず，不動産を分与した夫に譲渡所得税が課税されるわけです。

財産分与した時点ではそのことはわからないかもしれませんが，後日税務署から課税の連絡があってはじめて事の重大さに気づくことも多いだろうと思います。なぜなら，譲渡所得税は，不動産を売却した金額から取得費や譲渡費用を控除した金額に税率（所得税・住民税）を乗じて計算しますが，その税率は，居住用不動産の長期譲渡の場合は20.315％，居住用不動産の短期譲渡の場合は39.63％という割合になりますので，軽視することはできないからです。

理論的には，不動産の分与によって分与配偶者の財産分与義務が消滅し，それ自体が分与配偶者の経済的利益と評価できるのですから，分与義務相当の対価を受け取ったと評価され，譲渡所得が発生していると考えられています。また，不動産を売却して金銭給付するならば，売却処分した時点で譲渡所得税が発生しており，譲渡所得税を納付した後の残金を分与することとなり，それとの均衡で財産分与自体に譲渡所得税が課税されることにも一定の合理性はあるかと思います。

2　所得課税と夫婦財産制の考え方

以上は，課税面からの考え方ですが，夫婦財産制においては，また違った考え方をすべきだろうと思います。財産分与の清算的要素について考えると，潜在的共有持分の顕在化・現実化であって，一種の共有物分割であるにすぎないといえますから，財産分与した不動産の金額の全額に対して譲渡所得税が課税されるのは不合理だと思います。少なくとも分与財産の２分の１については，譲渡所得税を課税すべきでないはずです（**Q41** を参照）。

夫婦財産制について，民法762条２項の夫婦共有制を原則的に考えるとするならば，現在の課税方式は決して好ましいものとはいえませんし，離婚して財産分与する当事者に対する不意打ちになってしまうと思います。もっとも，民法762条１項の夫婦別産制を原則的に考え，しかも「婚姻中自己の名で得た財産」を文言どおりに特有財産と解するならば（Q44を参照），現在の課税方式は当事者が予測していないにしても合理性を認め得ることになると思います。

3 財産分与に関する動機の錯誤

最高裁判所は，譲渡所得税課税につき，財産分与の錯誤に基づく無効（債権法改正によって取消しになりました）を主張できる可能性を示唆しています☆2。したがって，判例の立場は，必ずしも理論的に一貫しているとはいいがたいでしょうし，むしろ税務運用のほうを見直すべきなのではないかと思います。

財産分与において譲渡所得税が課税されるかどうかは動機の錯誤に該当するものです。動機の錯誤が取り消せるかどうかは，「表意者が法律行為の基礎とした事情についてのその認識が真実に反する錯誤」（民95条１項２号）に該当し，「その事情が法律行為の基礎とされていることが表示されていたときに限り，することができる」（同条２項）のであって，錯誤取消しを主張するためには，その錯誤が法律行為の目的及び取引上の社会通念に照らして重要なものでなければなりません（同条１項本文）。

そうだとすれば，判例が譲渡所得課税について財産分与の錯誤取消しを認めているとはいえ，分与当事者が「課税なんかされないだろうから分与する」という動機を表示していなければならないとするのは，現実的な解決としては意味があまりありません。離婚紛争の当事者が財産分与するにあたって，不貞行為等の有責原因のある離婚当事者がそのような身もふたもないことを言えるはずもないからです。

なお，居住用不動産を財産分与する場合，居住用不動産の財産分与の特例（特別控除と軽減税率）の適用はあり得ます。しかし，配偶者に対する譲渡の場合には，この特例は適用されないため，離婚届を提出してから財産分与したほうが安全だとされています。

■判　例■

☆１　最判昭50・５・27民集29巻５号641頁。

☆２　最判平元・９・14判タ718号75頁・判時1336号93頁。

Q 50 財産分与の請求手続

財産分与のことを話し合わずに協議離婚しました。しかし，元夫と婚姻中に取得した財産については財産分与してほしいですし，まだ子どもが小さいので，しばらくの間の生活費も払ってほしいと思っています。どうしたらいいのでしょうか。

A

財産分与を決めずに協議離婚した場合には，離婚した後であっても，元夫との協議によって財産分与を決めることができますし，元夫との協議で財産分与を決められない場合には，家庭裁判所に財産分与調停を申し立てて，家庭裁判所で調停委員の力も借りて財産分与について話し合うことができます。もし話合いがまとまらずに調停が不成立になったとすると，自動的に財産分与審判に移行して，裁判官の審判によって財産分与が定められることになります。財産分与の内容については，清算的要素として実質的共有財産の清算と離婚後の扶養的要素の両面が検討されることになります。

☑ キーワード

財産分与調停・審判，清算的要素，扶養的要素，職権探知主義，当事者の協力

解　説

1 離婚後の財産分与調停の申立てへの流れ

財産分与の決定については，まずは当事者間で協議し（民768条１項），当事者間で協議が調わなければ財産分与調停を申し立てることとなり，財産分与調停が成立しなければ，家庭裁判所に対して協議に代わる審判を求めることができます（同条２項）。離婚する前であれば，離婚訴訟の附帯処分として財産分与に関する処分を申立てることができます（人訴15条１項）。

協議離婚するときに財産分与について定めなかった場合には，家裁に財産分与調停を申し立てて，調停手続の中で話し合うことができます（家事244条）。調停が不成立となって終了した場合には，調停申立て時に家事審判の申立てがあったものとみなされて，審判手続に移行することになります（家事272条４項）。

2 財産分与調停の流れ

財産分与調停は，申立書を家裁に提出することから始まります（家事255条１項）。この申立書には，当事者等や申立ての趣旨・理由を記載しなければなりません（同条２項）。財産分与調停の場合の申立ての趣旨は，「相手方は，申立人に対し，離婚に伴う財産分与として，別紙物件目録記載の不動産を分与するとの調停を求めます。」等と記載します。調停申立書は，原則として，その写しを相手方に送付することになっていますから（家事256条１項），複写式になっている定型書式を使わない場合には，申立書の写しも裁判所に提出しなければなりません。

財産分与調停は，調停委員会の下で，当事者への手続の説明を行って，双方から婚姻中に取得した財産や双方の収入・資力などを聴取し，適切な分与額を定める必要があります。婚姻中に取得した財産については，財産分与の清算的要素として考慮しなければなりませんし（**Q41** を参照），双方の収入・資力等については，扶養的要素や慰謝料的要素として考慮しなければなりません（**Q42**, **Q43** を参照）。

3 財産分与審判の流れ

財産分与調停が成立しなかった場合，自動的に財産分与審判に移行しますから，改めて書類を出し直す必要はありません。財産分与審判の審理は，双方から事情を聴取し（家事68条１項），当事者の審問等を行い（同条２項・69条），事実調査をしたときはその旨を通知し（家事70条），審理を終結して（家事71条），審判日を定め（家事72条），家裁が最終的な決定（審判）を行います（家事73条）。

財産分与を定めるにあたっては，双方から婚姻中に取得した財産や双方の収入・資力などを前提としなければなりません。家裁は，職権で事実の調査をし，かつ，申立てにより又は職権で，必要と認める証拠調べをしなければなりませんが（家事56条１項：職権探知主義），家裁が当事者の協力なしに自らそれらの事実を把握することはできません。したがって，財産分与の当事者は，自ら財産開示に協力する必要があります（同条２項）。ただし，この情報開示に関する法的義務や情報の真実性を担保する手段は規定されていません。

Q 51 財産分与と保全処分

夫と離婚する話合いを進めており，夫は私と別居して婚姻中に取得した中古マンションに住んでいるのですが，夫は不倫している愛人をそのマンションに住まわせようとしているようです。私としては，離婚による財産分与として，その中古マンションをもらいたいと思っていたのですが，夫がそれを察して，そのような行動に出ているように思います。夫の画策を阻止するためにはどうしたらいいのでしょうか。

A

家事事件手続法には，審判前の保全処分という制度が規定されており，調停の申立てがあった場合には，審判前の保全処分を申し立てることができます。したがって，離婚調停を申し立てて，審判前の保全処分として，財産分与の審判におけるマンションの引渡命令の強制執行を保全するため，夫に対してマンションの占有移転禁止の仮処分をしておくことが考えられます。

☑ キーワード

審判前の保全処分，家事調停の申立て，疎明，占有移転禁止の仮処分

解　説

1　家事事件における審判前の保全処分

家事事件については，本案である家事審判事件について，家事調停の申立てがあった場合には家事調停裁判所が仮差押え・仮処分・財産の管理者の選任その他必要な保全処分を命ずる審判をすることができるとされています（家事105条１項)。これは「審判前の保全処分」と呼ばれています。財産分与に関する処分もこの対象に含まれます（家事157条１項４号)。

審判前の保全処分の申立ては，その趣旨と保全処分を求める事由を明らかにしてしなければなりません（家事106条１項)。そして，保全処分は，本案である家事審判事件の審判がなされるまでの間の暫定的な処分を求めるものですから，証明という高いレベルの心証が必要なのではなく，疎明というレベルの心証で足りるとされています（同条２項)。

本来，家事審判事件では，職権探知主義がとられており（家事56条１項)，家庭裁判所の後見的役割が期待されているのですが，審判前の保全処分については，緊急性が高く，迅速処理が強く要請されますから，申立人自身に保全処分を求める事由の疎明責任を負わせないと，迅速な裁判資料の収集が困難であると考え，例外的に保全処分を求める事由（本案認容の蓋然性及び保全の必要性）について，保全処分の申立人に疎明義務（責任）を負わせることとしているとされています＊1。

2 財産分与請求事件と審判前の保全処分

財産分与請求事件で審判前の保全処分を利用しようとすると，保全処分を求める事由として，財産分与が認められるという本案認容の蓋然性を疎明しなければならないとともに，保全の必要性を疎明しなければならないことになります。家庭裁判所は，職権で事実調査を行ったり，証拠調べをしたりすることもできます（家事106条３項)。

財産分与を求める審判前の保全処分は，緊急性に鑑みて，疎明という条件だけで仮処分を命ずることができます。財産分与がなされる前に，財産分与の対象不動産が第三者に占有されてしまいそうな場合には，本案の審判における当該不動産の引渡命令の強制執行を保全するため，相手方に対して当該不動産の占有移転禁止の仮処分をしておくことができます＊2。

■注　記■

＊１　金子修編著『逐条解説・家事事件手続法』（商事法務，2013年）347頁。

＊２　金子編著・前掲（＊１）506頁。

Q 52 財産分与と強制執行

財産分与調停で，元夫と話し合って財産分与を決めました。その内容としては，「1　相手方は，申立人に対し，離婚に伴う財産分与として，金500万円の支払義務があることを認める。2　相手方は，申立人に対し，前項記載の金員を，令和２年○月○日限り，申立人名義の△銀行△支店普通預金口座（口座番号×××××××）に振り込む方法によって支払う。」というものでしたが，その期日を過ぎても，元夫は送金していません。そのような場合に財産分与のお金を取り立てるにはどのような方法がありますか。

A

調停で決まった内容が実現されない場合には，家事事件手続法に履行勧告という制度があり，家裁調査官に履行を勧告してもらうという手段があります。履行勧告をしても財産分与が実現できない場合，あるいは，履行勧告にも期待できないような場合，強制執行（直接強制）によって財産分与額を取り立てることができます。具体的には，元夫の勤務先から支払われる給与や元夫名義の預貯金の払戻請求権などの債権を差し押さえる債権執行手続などをとることになります。

☑ キーワード

履行勧告制度，強制執行，直接強制，債権執行手続

解　説

1　財産分与の実現方法

調停や審判によって財産分与を定めたにもかかわらず，その後に相手方がその内容を不満に感じて，財産分与の実行を拒否する場合があります。そのような場合には，家事事件手続法の中に，履行勧告という制度があります。履行勧告とは，調停や審判で定められた義務につき，権利者の申出があるときは，家庭裁判所は，履行状況の調査及び義務の履行を勧告することができるとされている制度を指しています（家事289条１項）。

この履行勧告については，主として家裁調査官が行っており，まず，履行状況の調査が行われ，義務者に対して，主に電話や手紙で当事者から財産分与できない事情等を聴取し，財産分与を実行できるように調整します。このような履行勧告によって財産分与を実行できないとき，あるいは，履行勧告にも期待できないようなときには直ちに，強制執行手続に進むことになります。

2　財産分与の強制執行

本件における財産分与の強制執行については，金銭的な請求ですから，債務者の財産を差し押さえて債権回収を図ればよいこととなり，直接強制が妥当します。調停が成立した場合には，調停調書の記載は確定判決と同一の効力を有しますから（家事268条１項），これを債務名義として強制執行を申し立てることができます（民執22条７号）。

具体的には，元夫の勤務先から支払われる給与や元夫名義の預貯金の払戻請求権などの債権を差し押さえる債権執行手続などをとることになります。したがって，元夫の勤務先情報（給与債権に関する情報）が得られなければ，差押えもできませんから，情報取得や財産開示が重要となります。令和元（2019）年５月に民事執行法が改正され（令和２〔2020〕年４月１日施行），債務者以外の第三者からの情報取得手続が新設されました（民執205条～207条）。また，財産開示手続も見直され，申立権者の範囲が拡大されています（民執197条）。

Q 53 財産分与に関する準拠法

国際的な結婚をして離婚をする場合，離婚に伴う財産分与に関しては，どの国の法律が適用になるのでしょうか。

A

法の適用に関する通則法は，その27条で，離婚について，25条を準用し，段階的連結による準拠法を定めています。しかし，離婚に伴う財産分与の準拠法については，財産分与の趣旨に応じて分けて考えるべきと解されており，清算的要素については，夫婦財産制の準拠法，扶養的要素については，扶養義務の準拠法に関する法律４条１項に基づいて離婚の準拠法が適用されることと解されています。慰謝料的要素については，離婚原因慰謝料に関しては不法行為に基づく損害賠償請求権なのですから，不法行為の準拠法によると考えるべきではないかと思います。

☑ キーワード

準拠法，法の適用に関する通則法，扶養義務の準拠法に関する法律

解　説

1 国際的な離婚に関する規律

渉外的法律関係から生じる実体法の適用を定めるためには，その判断基準となる法である準拠法を指定することに基づいて規律することとなります。日本

における準拠法の指定は，法の適用に関する通則法に基づいてなされます。

法の適用に関する通則法は，（離婚）として，「第25条の規定は，離婚について準用する。ただし，夫婦の一方が日本に常居所を有する日本人であるときは，離婚は，日本法による。」（27条）と定めています。この条文が準用する25条は，「婚姻の効力は，夫婦の本国法が同一であるときはその法により，その法がない場合において夫婦の常居所地法が同一であるときはその法により，そのいずれの法もないときは夫婦に最も密接な関係がある地の法による。」と定めており，段階的連結によって準拠法を定めることとしています。

2 国際的な財産分与に関する規律

それでは，離婚に伴う財産分与についても，法の適用に関する通則法27条に従って準拠法を決定すべきなのでしょうか。この点については議論がありますが，財産分与の趣旨に応じて分けて考えるべきと解されています＊1。そうすると，清算的要素については，夫婦財産制の準拠法（**Q41**を参照），扶養的要素については，扶養義務の準拠法に関する法律４条１項に基づいて離婚準拠法が適用されることとされています。慰謝料的要素については，離婚原因慰謝料に関して，不法行為の準拠法による説と離婚準拠法による説とがあるようです。慰謝料的要素は，基本的には不法行為に基づく損害賠償請求権であって，消滅時効の起算点が離婚時とされているにすぎないのですから，原則として不法行為の準拠法によると考えるべきではないかと思います。

■注　記■

＊１　神前禎＝早川吉尚＝元永和彦『国際私法〔第４版〕』（有斐閣，2019年）178頁など。

Q 54　財産分与に関する紛争の管轄

離婚時に財産分与については協議しなかったので，改めて財産分与について協議して定めたいと思っているのですが，私は婚姻していた住所地から離れて離婚後実家に戻っています。財産分与について調停や審判をするためには，どこの裁判所に申し立てればいいのでしょうか。

A

財産分与の調停は，相手方である元夫と管轄を合意していれば合意地を管轄する家庭裁判所に申し立てることができますが，合意がなければ，相手方である元夫の住所地を管轄する家裁に申し立てなければなりません。調停が不成立によって終了し，自動的に審判に移行する場合には，自庁処理によって調停を申し立てた家裁が管轄を有するものとして引き続き担当することとされています。

☑ キーワード

調停の管轄，審判の管轄，合意管轄，自庁処理

解　説

1　財産分与調停の管轄

財産分与調停は，相手方の住所地を管轄する家庭裁判所又は当事者が合意で定めた家裁の管轄に属するものとされています（家事245条１項）。

相手方の住所地管轄と定めるのは，申立人が相手方のもとに出向いてするものとするのが申立人と手続に関与させられる相手方の公平の理念に合致するという考え方に基づいています。また，合意管轄を認めているのは，家事調停事件は当事者間の協議によって円満な紛争解決を目指す手続であることから，管轄裁判所を当事者が合意で選択できるものとするのが合理的だという考え方に基づいています＊1。

したがって，元妻が離婚した元夫に対して財産分与調停を申し立てる場合には，元夫の住所地を管轄する家裁又は元妻と元夫が合意して定めた家裁に調停を申し立てなければなりません。

2　財産分与審判の管轄

財産分与審判については，調停を申し立てずに，いきなり財産分与審判を申し立てる場合には，元夫又は元妻の住所地を管轄する家裁（家事150条５号）又は当事者が合意で定めた家裁（家事66条１項）の管轄に属するものとされています。

財産分与調停が不成立となって審判に自動的に移行する場合には，以前の家事審判法の下では，財産分与審判について管轄を有するか否かに関わりなく，調停事件を取り扱った家裁が移行を受けるとするのが通説であり実務であるとされていました。家事事件手続法の下でも同様に考えるべきだとされていますが，家事事件手続法272条４項によって当然に管轄を有するのではなく，自庁処理（家事９条１項ただし書）によって管轄を有することとなるとの理解が一般的となっているようです＊2。

■注　記■

＊1　金子修編著『逐条解説・家事事件手続法』（商事法務，2013年）738頁。
＊2　金子編著・前掲（＊1）817頁以下。

Q 55 財産分与に関する紛争の国際的な管轄

国際的な結婚をし，数年後に離婚しましたが，財産分与については，未解決となっています。元夫と財産分与について定めたいと思っていますが，どこの国の裁判所に申し立てればいいのでしょうか。

A

離婚に伴う財産分与に関する国際的な管轄は，調停の場合と審判の場合とで規律が異なっています。平成30（2018）年の家事事件手続法改正によって，新たに３条の12，３条の13という条文が設けられましたので，それらの規律によって管轄裁判所が決まることになります。財産分与審判については，家事事件手続法３条の12で，①相手方住所地管轄，②双方の国籍管轄，③最後の共通住所地管轄，④特別事情による管轄が認められています。したがって，これらの管轄が認められる場合には日本の家庭裁判所に財産分与審判を申し立てることができます。

☑ キーワード

国際裁判管轄，調停の管轄，審判の管轄

解　説

1 財産分与調停の国際的な管轄

家事調停事件の国際的な管轄は，①当該調停を求める事項についての訴訟事件又は家事審判事件について日本の裁判所が管轄権を有するとき，②相手方の住所（住所がない場合又は住所が知れない場合には，居所）が日本国内にあるとき，③当事者が日本の裁判所に家事調停の申立てをすることができる旨の合意をしたとき，には，日本の裁判所が管轄権を有するものとされています（家事３条の13第１項１号～３号）。

①については，家事調停で合意に至らないときには最終的に訴訟や審判によって解決されることになりますし，また，訴訟事件や審判事件の開始後に話合いによる解決が見込まれる場合には調停に付することも想定されますから，訴訟事件や審判事件の管轄と一致するのが望ましいとされたことによります。②については，国内紛争の管轄と同様に，申立人と手続に関与させられる相手方の公平の理念に合致するという考え方に基づいています。③の合意管轄を認めているのも，国内紛争の管轄と同様に，家事調停事件は当事者間の協議によって円満な紛争解決を目指す手続であることから，管轄裁判所を当事者が合意で選択できるものとするのが合理的だという考え方に基づいています＊1。

2　財産分与調停の国際的な管轄

財産分与に関する処分の審判事件については，家事事件手続法３条の12が適用されます。家事事件手続法３条の12は，「裁判所は，財産の分与に関する処分の審判事件（別表第二の４の項の事項についての審判事件をいう。第150条第５号において同じ。）について，次の各号のいずれかに該当するときは，管轄権を有する。」としています。

そして，同条１号で，「夫又は妻であった者の一方からの申立てであって，他の一方の住所（住所がない場合又は住所が知れない場合には，居所）が日本国内にあるとき。」，２号で，「夫であった者及び妻であった者の双方が日本の国籍を有するとき。」，３号で，「日本国内に住所がある夫又は妻であった者の一方からの申立てであって，夫であった者及び妻であった者が最後の共通の住所を日本国内に有していたとき。」，４号で，「日本国内に住所がある夫又は妻であった者の一方からの申立てであって，他の一方が行方不明であるとき，他の一方の住所がある国においてされた財産の分与に関する処分に係る確定した裁判が日本国で効力を有しないときその他の日本の裁判所が審理及び裁判をすることが当事者間の衡平を図り，又は適正かつ迅速な審理の実現を確保することとなる特別の事情があると認められるとき。」と定めています。

つまり，①相手方住所地管轄，②双方の国籍管轄，③最後の共通住所地管轄，④特別事情による管轄が認められています。

しかし，財産分与という財産に関する紛争であるにもかかわらず，財産所在地管轄は認められていません。これについては，財産分与が婚姻生活関係の終了による清算として，婚姻中に形成された総体としての夫婦の共同財産全体を分割するため，夫婦の婚姻生活の状況，財産の額や種類等を考慮してされるべきものであり，個別の財産を処分するためにされるものではないとされたと説明されています＊2。ただし，この国際的な裁判管轄に関しては，明文規定がない場合の緊急管轄を否定する趣旨ではなく，財産所在地で緊急管轄が認められる場合もあり得ると解されています＊3。

■注　記■

＊１　内野宗揮編著『一問一答・平成30年人事訴訟法・家事事件手続法等改正』（商事法務，2019年）149頁。

＊２　内野編著・前掲（＊１）148頁。

＊３　内野編著・前掲（＊１）148頁注。

■資料 1

表10　婚姻費用・夫婦のみの表

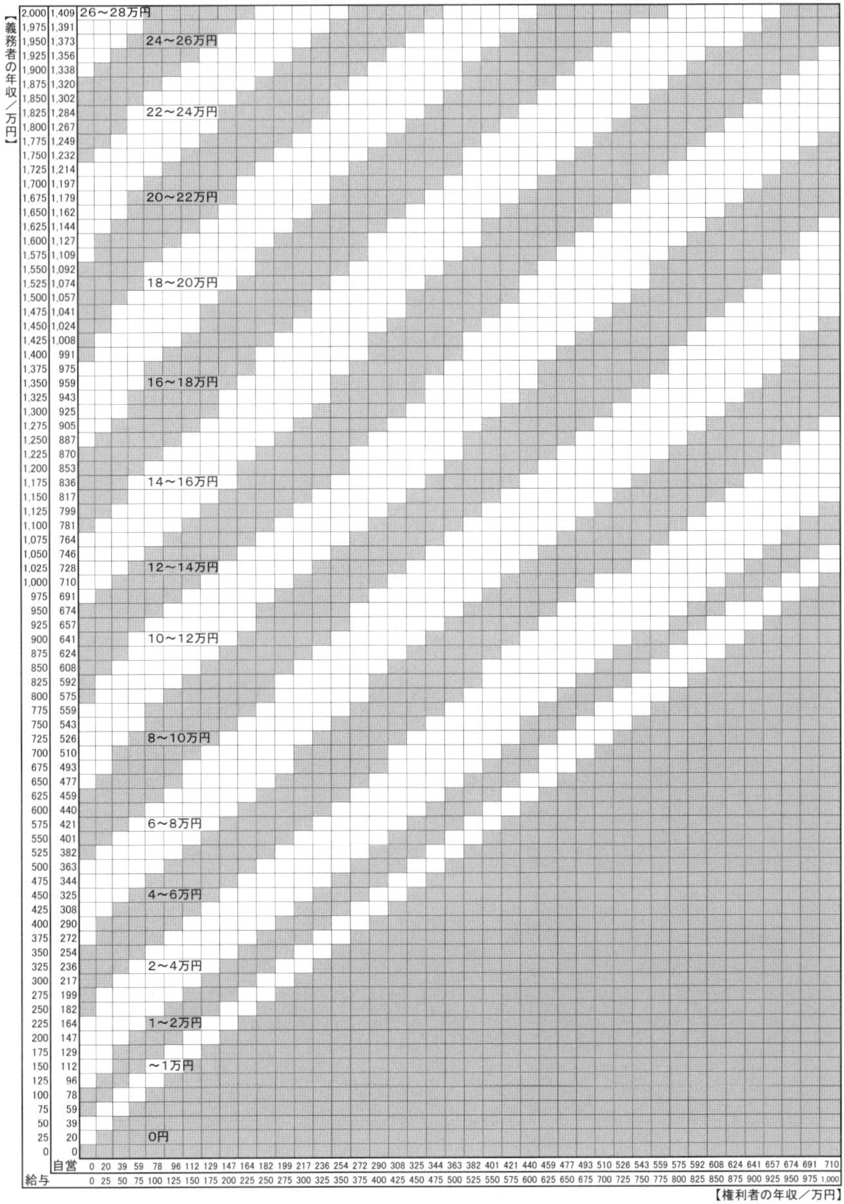

■資料２

算定表20　婚姻費用・夫婦のみの表

【義務者の年収／万円】

29　28　27　26　25　24　23　22　21　20　19　18　17　16　15　14　13

給与	自営	0	25	50	75	100	125	150	175	200	225	250	275	300	325	350	375	400	425	450	475	500	525	550	575	600	625	650	675	700	725	750	775	800	825	850	875	900	925	950	975	1000	
	自営	0	8	33	58	80	101	118	136	153	171	191	221	237	258	278	305	325	350	373	393	424	444	465	495	516	536	564	582	599	622	640	661	681	705	722	746	766	787	811	832	855	
2000	1726	47	47	46	45	44	43	43	42	42	41	40	39	39	38	37	36	36	35	34	34	33	32	32	31	30	30	29	28	28	27	27	26	25	25	24	24	23	22	22	21	21	
1975	1708	47	46	45	45	44	43	42	42	41	41	40	39	38	38	37	36	35	35	34	33	32	32	31	30	30	29	28	28	27	27	26	26	25	24	24	23	23	22	21	21	20	13
1950	1687	46	46	45	44	43	43	42	41	41	40	39	38	38	37	36	36	35	34	33	33	32	31	31	30	29	29	28	27	27	26	26	25	25	24	23	23	22	22	21	20	20	
1925	1666	46	45	44	44	43	42	41	41	40	40	39	38	37	37	36	35	34	34	33	32	32	31	30	29	29	28	27	27	26	26	25	25	24	23	23	22	22	21	20	20	19	12
1900	1646	45	45	44	43	42	42	41	40	40	39	38	37	37	36	35	35	34	33	33	32	31	30	30	29	28	28	27	26	26	25	25	24	24	23	22	22	21	21	20	19	19	
1875	1625	45	44	43	43	42	41	40	40	39	39	38	37	36	36	35	34	33	33	32	31	31	30	29	28	28	27	26	26	25	25	24	24	23	22	22	21	21	20	19	19	18	
1850	1604	44	44	43	42	41	41	40	39	39	38	37	36	36	35	35	34	33	32	32	31	30	29	29	28	27	27	26	25	25	24	24	23	23	22	21	21	20	20	19	18	18	
1825	1583	44	43	43	42	41	40	40	39	38	38	37	36	35	35	34	33	32	32	31	30	30	29	28	28	27	26	26	25	24	24	23	23	22	21	21	20	20	19	19	18	17	11
1800	1563	43	43	42	41	40	40	39	38	38	37	36	35	35	34	34	33	32	31	31	30	29	28	28	27	26	26	25	25	24	23	23	22	22	21	20	20	19	19	18	17	17	
1775	1542	43	42	42	41	40	39	39	38	37	37	36	35	34	34	33	32	31	31	30	29	29	28	27	27	26	25	25	24	24	23	22	22	21	20	20	19	19	18	18	17	16	
1750	1521	42	42	41	40	39	39	38	37	37	36	35	34	34	33	33	32	31	30	30	29	28	28	27	26	25	25	24	24	23	22	22	21	21	20	20	19	18	18	17	16	16	
1725	1500	42	41	41	40	39	38	38	37	36	36	35	34	33	33	32	31	31	30	29	29	28	27	26	26	25	24	24	23	23	22	21	21	20	20	19	18	18	17	17	16	15	10
1700	1480	41	41	40	39	38	38	37	36	36	35	34	33	33	32	32	31	30	29	29	28	27	27	26	25	24	24	23	23	22	21	21	20	20	19	19	18	17	17	16	15	15	
1675	1459	41	40	40	39	38	37	37	36	35	35	34	33	32	32	31	30	30	29	28	28	27	26	25	25	24	23	23	22	22	21	20	20	19	19	18	17	17	16	16	15	14	
1650	1438	40	40	39	38	37	37	36	35	35	34	34	33	32	31	31	30	29	28	28	27	26	26	25	24	24	23	22	22	21	20	20	19	19	18	18	17	16	16	15	15	14	
1625	1417	40	39	39	38	37	36	36	35	34	34	33	32	31	31	30	29	29	28	27	27	26	25	24	24	23	22	22	21	21	20	19	19	18	18	17	16	16	15	15	14	13	9
1600	1397	39	39	38	37	36	36	35	34	34	33	33	32	31	30	30	29	28	27	27	26	25	25	24	23	23	22	21	21	20	19	19	18	18	17	17	16	15	15	14	14	13	
1575	1376	39	39	38	37	36	35	35	34	33	33	32	31	31	30	29	28	28	27	26	26	25	24	24	23	22	21	21	20	20	19	18	18	17	17	16	15	15	14	14	13	12	
1550	1355	38	38	37	36	35	35	34	34	33	32	32	31	30	29	29	28	27	26	26	25	24	24	23	22	22	21	20	20	19	18	18	17	17	16	16	15	14	14	13	13	12	
1525	1334	38	38	37	36	35	34	34	33	32	32	31	30	30	29	28	27	27	26	25	25	24	23	23	22	21	20	20	19	19	18	17	17	16	16	15	14	14	13	13	12	11	8
1500	1314	37	37	36	35	35	34	33	33	32	31	31	30	29	28	28	27	26	25	25	24	23	23	22	21	21	20	19	19	18	18	17	16	16	15	15	14	13	13	12	12	11	
1475	1292	37	37	36	35	34	33	33	32	31	31	30	29	29	28	27	26	26	25	24	24	23	22	22	21	20	19	19	18	18	17	16	16	15	15	14	13	13	12	12	11	10	
1450	1270	36	36	35	34	33	33	32	32	31	30	30	29	28	27	27	26	25	24	24	23	22	22	21	20	20	19	18	18	17	16	16	15	15	14	14	13	12	12	11	11	10	
1425	1249	36	36	35	34	33	32	32	31	30	30	29	28	28	27	26	25	25	24	23	23	22	21	21	20	19	18	18	17	17	16	15	15	14	14	13	12	12	11	11	10	9	7
1400	1231	35	35	34	33	33	32	31	31	30	29	29	28	27	26	26	25	24	23	23	22	21	21	20	19	19	18	17	17	16	16	15	14	14	13	13	12	11	11	10	10	9	
1375	1209	35	35	34	33	32	31	31	30	29	29	28	27	27	26	25	24	24	23	22	22	21	20	20	19	18	18	17	16	16	15	15	14	13	13	12	12	11	10	10	9	8	
1350	1188	34	34	33	32	32	31	30	30	29	28	28	27	26	25	25	24	23	22	22	21	20	20	19	18	18	17	16	16	15	15	14	13	13	12	12	11	10	10	9	9	8	6
1325	1170	34	34	33	32	31	30	30	29	29	28	27	26	26	25	24	23	23	22	21	21	20	19	19	18	17	17	16	15	15	14	14	13	12	12	11	11	10	9	9	8	8	
1300	1144	33	33	32	31	31	30	29	29	28	27	27	26	25	24	24	23	22	21	21	20	19	19	18	17	17	16	15	15	14	14	13	12	12	11	11	10	9	9	8	8	7	
1275	1118	33	32	32	31	30	29	29	28	27	27	26	25	24	24	23	22	22	21	20	20	19	18	17	17	16	15	15	14	14	13	12	12	11	11	10	9	9	8	8	7	6	5
1250	1097	32	32	31	30	29	29	28	27	27	26	26	25	24	23	23	22	21	20	20	19	18	18	17	16	16	15	14	14	13	12	12	11	11	10	10	9	8	8	7	7	6	
1225	1071	32	31	30	30	29	28	27	27	26	26	25	24	23	23	22	21	20	20	19	18	18	17	16	15	15	14	13	13	12	12	11	11	10	9	9	8	8	7	6	6	5	
1200	1049	31	31	30	29	28	28	27	26	26	25	24	23	23	22	21	21	20	19	19	18	17	16	16	15	14	14	13	12	12	11	11	10	10	9	8	8	7	7	6	5	5	4
1175	1023	31	30	29	28	28	27	26	26	25	24	24	23	22	22	21	20	19	19	18	17	16	16	15	14	14	13	12	12	11	11	10	10	9	8	8	7	7	6	5	5	4	
1150	997	30	30	29	28	27	26	26	25	25	24	23	22	22	21	20	19	19	18	17	17	16	15	15	14	13	13	12	11	11	10	10	9	8	8	7	7	6	5	5	4	4	
1125	976	29	29	28	27	27	26	25	25	24	23	23	22	21	20	20	19	18	17	17	16	15	15	14	13	13	12	11	11	10	10	9	8	8	7	7	6	5	5	4	4	3	3
1100	950	29	29	28	27	26	25	25	24	23	23	22	21	20	20	19	18	18	17	16	16	15	14	14	13	12	11	11	10	10	9	8	8	7	7	6	5	5	4	4	3	2	
1075	927	28	28	27	26	25	25	24	23	23	22	22	21	20	19	19	18	17	16	16	15	14	14	13	12	12	11	10	10	9	8	8	7	7	6	6	5	4	4	3	3	2	
1050	900	28	27	26	26	25	24	23	23	22	22	21	20	19	19	18	17	16	16	15	14	14	13	12	11	11	10	9	9	8	8	7	7	6	5	5	4	4	3	2	2	1	2
1025	880	27	27	26	25	24	24	23	22	22	21	20	19	19	18	17	17	16	15	14	14	13	12	12	11	10	10	9	8	8	7	7	6	6	5	4	4	3	3	2	1	1	

16　15　14　13　12　11　10　9　8　7　6　5　4　3　2　1　0

給与	自営	0	25	50	75	100	125	150	175	200	225	250	275	300	325	350	375	400	425	450	475	500	525	550	575	600	625	650	675	700	725	750	775	800	825	850	875	900	925	950	975	1000	
	自営	0	8	33	58	80	101	118	136	153	171	191	221	237	258	278	305	325	350	373	393	424	444	465	495	516	536	564	582	599	622	640	661	681	705	722	746	766	787	811	832	855	
1000	855	26	26	25	24	24	23	22	22	21	20	20	19	18	17	17	16	15	14	14	13	12	12	11	10	10	9	8	8	7	7	6	5	5	4	4	3	2	2	1	1	0	
975	832	26	25	25	24	23	22	22	21	20	20	19	18	17	17	16	15	15	14	13	13	12	11	10	10	9	8	8	7	7	6	5	5	4	4	3	2	2	1	1	0	0	
950	811	25	25	24	23	22	22	21	20	20	19	18	17	17	16	16	15	14	13	13	12	11	10	10	9	8	8	7	6	6	5	5	4	4	3	2	2	1	1	0	0	0	
925	787	24	24	23	22	22	21	20	20	19	18	18	17	16	16	15	14	13	13	12	11	10	10	9	8	8	7	6	6	5	5	4	4	3	2	2	1	1	0	0	0	0	
900	766	24	24	23	22	21	20	20	19	19	18	17	16	16	15	14	13	13	12	11	11	10	9	9	8	7	7	6	5	5	4	4	3	2	2	1	1	0	0	0	0	0	
875	746	23	23	22	21	21	20	19	19	18	17	17	16	15	14	14	13	12	11	11	10	9	9	8	7	7	6	5	5	4	4	3	2	2	1	1	0	0	0	0	0	0	
850	722	23	22	22	21	20	19	19	18	17	17	16	15	14	14	13	12	11	11	10	10	9	8	7	7	6	5	5	4	4	3	2	2	1	0	0	0	0	0	0	0	0	
825	705	22	22	21	20	19	19	18	17	17	16	15	14	14	13	13	12	11	10	10	9	8	8	7	6	5	5	4	4	3	2	2	1	1	0	0	0	0	0	0	0	0	
800	681	22	21	20	20	19	18	17	17	16	16	15	14	13	13	12	11	10	10	9	8	7	7	6	5	5	4	3	3	2	2	1	1	0	0	0	0	0	0	0	0	0	
775	661	21	21	20	19	18	17	17	16	16	15	14	13	13	12	11	10	10	9	8	8	7	6	6	5	4	4	3	2	2	1	1	0	0	0	0	0	0	0	0	0	0	
750	640	20	20	19	18	18	17	16	16	15	14	14	13	12	11	11	10	9	8	8	7	6	6	5	4	4	3	2	2	1	1	0	0	0	0	0	0	0	0	0	0	0	
725	622	20	20	19	18	17	16	16	15	14	14	13	12	12	11	10	9	9	8	7	7	6	5	5	4	3	2	2	1	1	0	0	0	0	0	0	0	0	0	0	0	0	
700	599	19	19	18	17	16	16	15	14	14	13	12	11	11	10	10	9	8	7	7	6	5	4	4	3	2	2	1	1	0	0	0	0	0	0	0	0	0	0	0	0	0	
675	582	19	18	18	17	16	15	15	14	13	13	12	11	10	10	9	8	7	7	6	5	5	4	3	3	2	1	1	0	0	0	0	0	0	0	0	0	0	0	0	0	0	
650	564	18	18	17	16	15	15	14	13	13	12	11	10	10	9	9	8	7	6	6	5	4	3	3	2	1	1	0	0	0	0	0	0	0	0	0	0	0	0	0	0	0	
625	536	17	17	16	15	15	14	13	13	12	11	11	10	9	8	8	7	6	5	5	4	3	3	2	1	1	0	0	0	0	0	0	0	0	0	0	0	0	0	0	0	0	
600	516	17	16	16	15	14	13	13	12	11	11	10	9	8	8	7	6	6	5	4	4	3	2	1	1	0	0	0	0	0	0	0	0	0	0	0	0	0	0	0	0	0	
575	495	16	16	15	14	13	13	12	11	11	10	9	8	8	7	7	6	5	4	4	3	2	1	1	0	0	0	0	0	0	0	0	0	0	0	0	0	0	0	0	0	0	
550	465	15	15	14	13	12	12	11	10	10	9	9	8	7	6	6	5	4	3	3	2	1	1	0	0	0	0	0	0	0	0	0	0	0	0	0	0	0	0	0	0	0	
525	444	15	14	14	13	12	11	11	10	9	9	8	7	6	6	5	4	3	3	2	1	1	0	0	0	0	0	0	0	0	0	0	0	0	0	0	0	0	0	0	0	0	
500	424	14	14	13	12	11	11	10	9	9	8	7	6	6	5	4	4	3	2	1	1	0	0	0	0	0	0	0	0	0	0	0	0	0	0	0	0	0	0	0	0	0	0
475	393	13	13	12	11	10	10	9	8	8	7	6	5	5	4	4	3	2	1	1	0	0	0	0	0	0	0	0	0	0	0	0	0	0	0	0	0	0	0	0	0	0	
450	373	13	12	11	11	10	9	8	8	7	7	6	5	4	4	3	2	1	1	0	0	0	0	0	0	0	0	0	0	0	0	0	0	0	0	0	0	0	0	0	0	0	
425	350	12	12	11	10	9	8	8	7	7	6	5	4	4	3	2	1	1	0	0	0	0	0	0	0	0	0	0	0	0	0	0	0	0	0	0	0	0	0	0	0	0	
400	325	11	11	10	9	8	8	7	6	6	5	4	3	3	2	2	1	0	0	0	0	0	0	0	0	0	0	0	0	0	0	0	0	0	0	0	0	0	0	0	0	0	
375	305	11	10	9	8	8	7	6	6	5	4	4	3	2	2	1	0	0	0	0	0	0	0	0	0	0	0	0	0	0	0	0	0	0	0	0	0	0	0	0	0	0	
350	278	10	9	8	8	7	6	5	5	4	4	3	2	1	1	0	0	0	0	0	0	0	0	0	0	0	0	0	0	0	0	0	0	0	0	0	0	0	0	0	0	0	
325	258	9	9	8	7	6	5	5	4	4	3	2	1	1	0	0	0	0	0	0	0	0	0	0	0	0	0	0	0	0	0	0	0	0	0	0	0	0	0	0	0	0	
300	237	8	8	7	6	5	5	4	3	3	2	2	1	0	0	0	0	0	0	0	0	0	0	0	0	0	0	0	0	0	0	0	0	0	0	0	0	0	0	0	0	0	
275	221	8	7	7	6	5	4	4	3	2	2	1	0	0	0	0	0	0	0	0	0	0	0	0	0	0	0	0	0	0	0	0	0	0	0	0	0	0	0	0	0	0	
250	191	7	6	6	5	4	3	3	2	1	1	0	0	0	0	0	0	0	0	0	0	0	0	0	0	0	0	0	0	0	0	0	0	0	0	0	0	0	0	0	0	0	
225	171	6	6	5	4	3	2	2	1	1	0	0	0	0	0	0	0	0	0	0	0	0	0	0	0	0	0	0	0	0	0	0	0	0	0	0	0	0	0	0	0	0	
200	153	5	5	4	3	3	2	1	1	0	0	0	0	0	0	0	0	0	0	0	0	0	0	0	0	0	0	0	0	0	0	0	0	0	0	0	0	0	0	0	0	0	
175	136	5	5	4	3	2	1	1	0	0	0	0	0	0	0	0	0	0	0	0	0	0	0	0	0	0	0	0	0	0	0	0	0	0	0	0	0	0	0	0	0	0	
150	118	4	4	3	2	1	1	0	0	0	0	0	0	0	0	0	0	0	0	0	0	0	0	0	0	0	0	0	0	0	0	0	0	0	0	0	0	0	0	0	0	0	
125	101	4	3	2	2	1	0	0	0	0	0	0	0	0	0	0	0	0	0	0	0	0	0	0	0	0	0	0	0	0	0	0	0	0	0	0	0	0	0	0	0	0	
100	80	3	3	2	1	0	0	0	0	0	0	0	0	0	0	0	0	0	0	0	0	0	0	0	0	0	0	0	0	0	0	0	0	0	0	0	0	0	0	0	0	0	
75	58	2	2	1	0	0	0	0	0	0	0	0	0	0	0	0	0	0	0	0	0	0	0	0	0	0	0	0	0	0	0	0	0	0	0	0	0	0	0	0	0	0	
50	33	1	1	0	0	0	0	0	0	0	0	0	0	0	0	0	0	0	0	0	0	0	0	0	0	0	0	0	0	0	0	0	0	0	0	0	0	0	0	0	0	0	
25	8	0	0	0	0	0	0	0	0	0	0	0	0	0	0	0	0	0	0	0	0	0	0	0	0	0	0	0	0	0	0	0	0	0	0	0	0	0	0	0	0	0	
0	0	0	0	0	0	0	0	0	0	0	0	0	0	0	0	0	0	0	0	0	0	0	0	0	0	0	0	0	0	0	0	0	0	0	0	0	0	0	0	0	0	0	

【権利者の年収／万円】

注1：塗りつぶされたマスを右上にたどって表の枠外に記載された金額が，現算定方式（統計資料更新後）に基づく金額となる。
注2：活用すべき資産や能力・機会などを有さない義務者に最低生活費を下回る生活費での生活を強いるべきではない。
なお，太線以下の収入の義務者については，生活費が最低生活費に満たない可能性がある。
注3：過大な住宅ローンの負担といった特別事情がある場合に算定額自体を修正する必要があるほか，算定表は，個別事情をほとんど考慮していないので，生活実態・事情を考慮して柔軟に定めることが望ましい。
注4：生活費指数は，義務者100，権利者100である。

資料3　　（表10）婚姻費用・夫婦のみの表

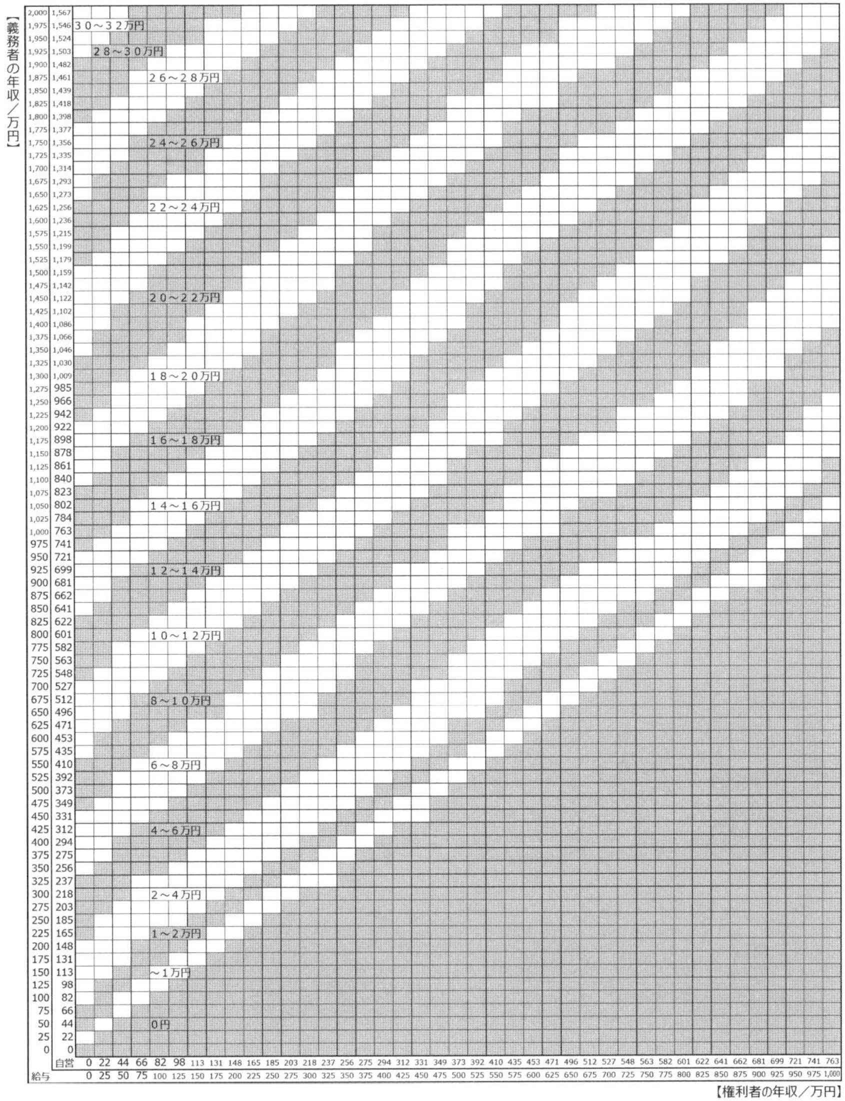

■資料4

表1　養育費・子1人表（子0～14歳）

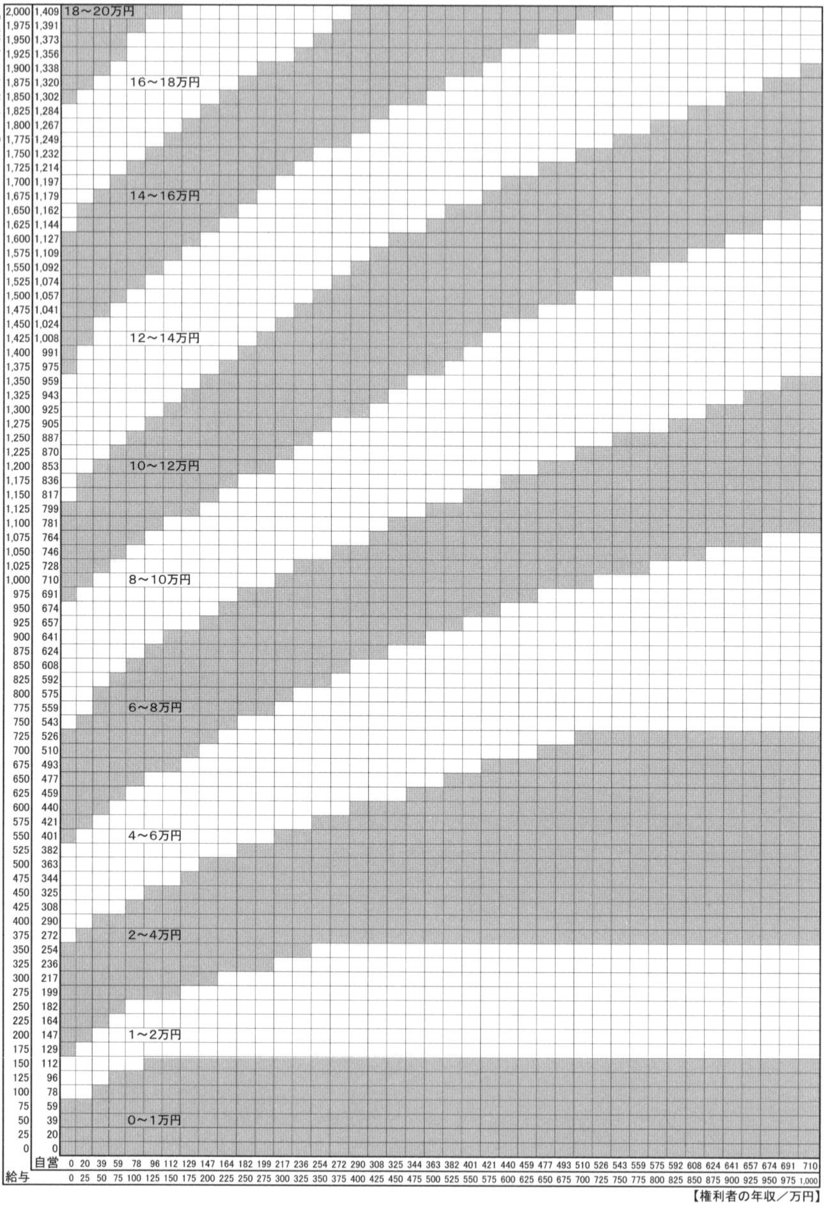

▒資料 5　　表2　養育費・子１人表（子15～19歳）

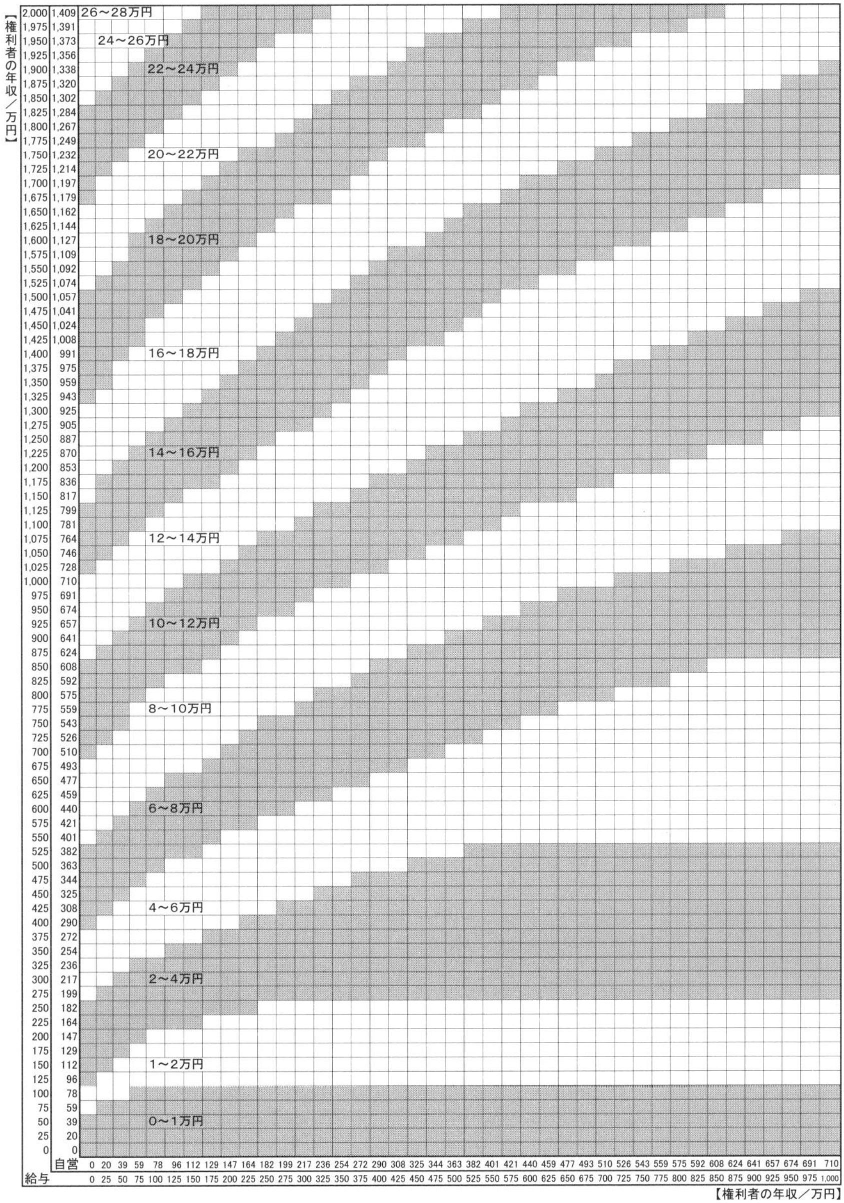

資料6

（表1） 養育費・子1人表（子0～14歳）

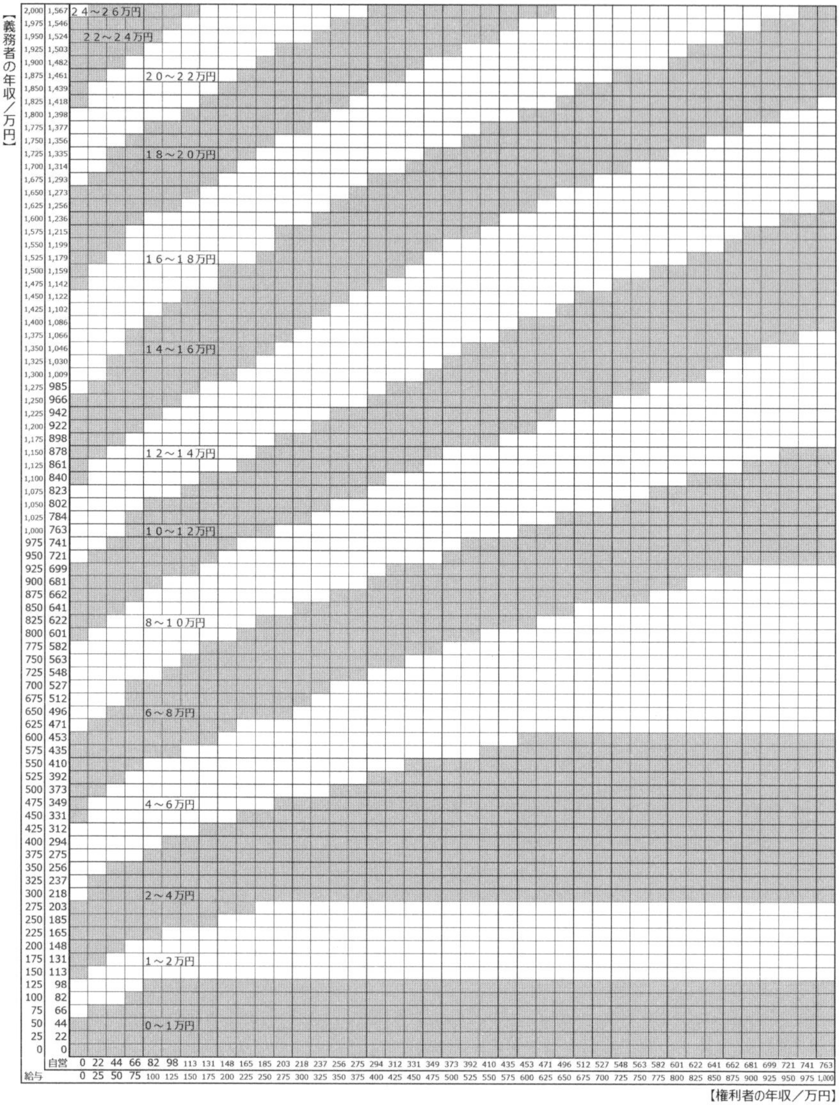

資料7　　（表2）　養育費・子1人表（子15歳以上）

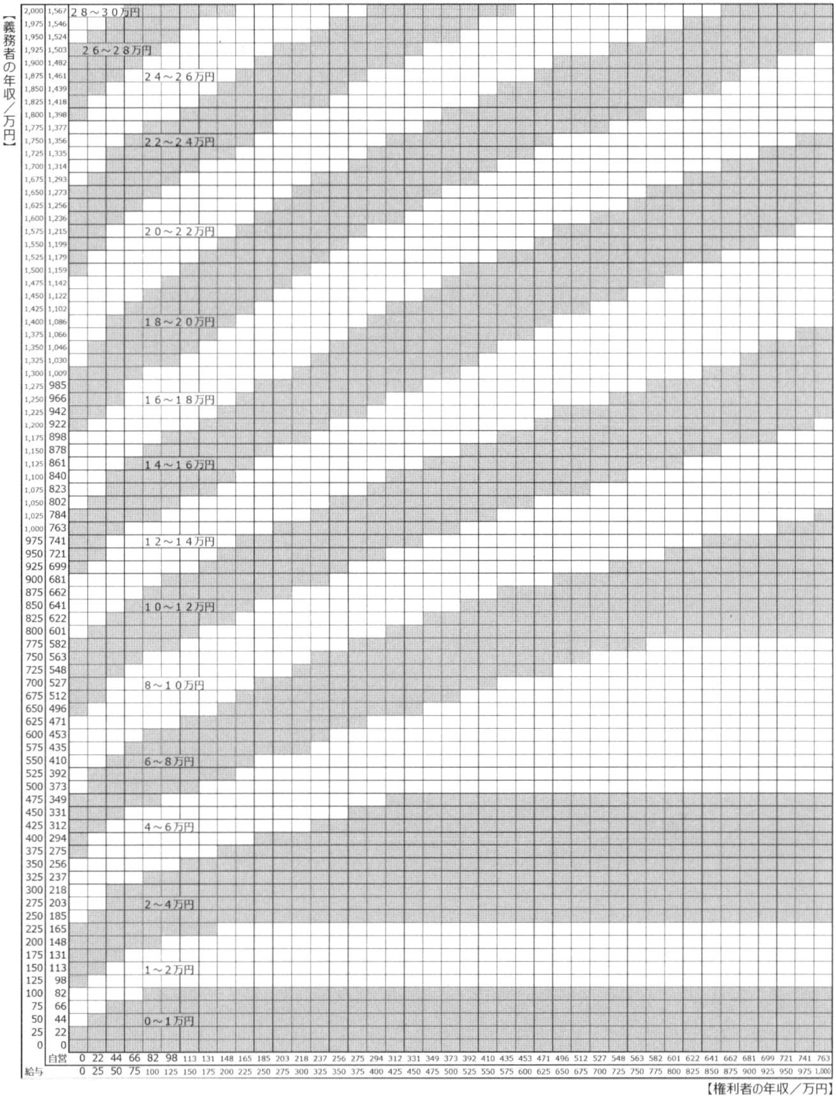

キーワード索引

あ行

か行

さ行

た行

な行

は行

判例索引

■最高裁判所

■高等裁判所

■家庭裁判所

〔執筆者紹介〕
平　田　　　厚
（明治大学専門職大学院法務研究科教授／弁護士，日比谷南法律事務所）

婚姻費用・養育費・財産分与の法律相談　最新青林法律相談㉝

2020年９月10日　初版第１刷印刷
2020年９月30日　初版第１刷発行

検印廃止

ⓒ著　者　平　田　　　厚
発行者　逸　見　慎　一

発行所　東京都文京区本郷６丁目４の７　株式会社　青　林　書　院
振替口座　00110-9-16920／電話03（3815）5897～8／郵便番号113-0033
http://www.seirin.co.jp

印刷・星野精版印刷㈱／落丁・乱丁本はお取替え致します。
Printed in Japan　ISBN978-4-417-01801-8